ニーチェのふんどし

いい子ぶりっ子の超偽善社会に備える

藤森かよこ
Fujimori Kayoko

『ニーチェのふんどし　いい子ぶりっ子の超偽善社会に備える』◆目次

第0章、**あるいは「まえがき」**

第0章、

あるいは「まえがき」

0-1 私がニーチェの褌《ふんどし》を借りて書くことにした理由

ニーチェといっても、原作が松駒《まつこま》で、作画がハシモトによる漫画『ニーチェ先生』に登場するコンビニで深夜バイトをする大学生仁井智慧《にいともはる》のことではない。「お客様は神様だろ！」と理不尽なクレームをつける客を、「神は死んだ」と言って撃退したので、あだ名が「ニーチェ先生」になった仁井君のことではない。

「神は死んだ」というのは、ニーチェがいくつかの著書で何回も書いた文章だ。そのために、ニーチェは蛇蝎視《だかつし》されてきた。いるかいないかわからない神という存在について「死んだ」と書いたのだから、ニーチェほど神のことを考えていた人間はいないという逆説をわからない頭の悪い人々によって。かわいそうなニーチェ。

本書の目的は、現代と、来《きた》るべきろくでもないけど面白くないわけでもない超偽善社会を生き抜いて行くために知っておくべきだと私が思うことを、ニーチェの褌《ふんどし》を借りて書いたものだ。ここで「喰い込むばかり」と下品なツッコミを入れないように。「高く登ろうとするなら、自分の足を用いよ。引き上げてもらおうとするな。他人の背や頭に乗ってはならない」（『ツァラトゥストラかく語りき』佐《さ》々《さ》木《き》中《あたる》訳、河出文庫、2015、495頁）と言ったニーチェは、「他人の褌で相撲《すもう》を取るな」と、言うかもしれないが。

ところで、ニーチェなんて、そんな難しい本なんて読んでもわかりません！と思っているあなた！　読まずに、そういうこと言ってませんか!?　ニーチェは難しくない。長いだけです。読めば、わかります。面白いです。

そもそも、今の日本で読書（漫画を含めて）習慣がある人は、人口の1割ほどだ（と思う）。1200万人ぐらいだ。この数字に「エビデンス」はない。私がそう思うだけだ。その中でも、書籍はもっぱら公立図書館で借りて読むだけではなく、またはアマゾンのKindle Unlimited に登録して無料の電子ブックで読むだけではなく、自腹で書籍なり電子ブックを購入して読む人は500万人もいない（と思う）。

これでは、日本の出版社の経営が難しいはずだ。書店もどんどん閉店するはずだ。現在の日本の出版社は、「人口1200万人で、500万人の消費者しかいない国」の中で競争しているのだから。

今は、そこそこの偏差値の大学の学生でさえ、「こんな難しい本は読めません」とゼミの担当教授に向かって堂々と言う。いまどきの大学教員なら、いまどきの普通の日本の若者の読解《どっかい》力と、彼らや彼女たちが育った（１９９０年代以降の日本の経済状況下の）家庭の文化資本の蓄積の乏しさは良く知っている。橘玲《たちばなあきら》のベストセラー『バカと無知人間、この不都合な生きもの』（新潮新書、２０２２）に書いてある「日本人のおよそ３分の１は「日本語」が読めない」（81頁）という調査結果に驚くこともない。

だから、無駄に難解な書籍など教科書として選ばない。それでも、大学生なら、これぐらいの程度のものは読んで欲しいと思うテキストをゼミで輪読《りんどく》する。なのに、数行も読まないうちに「こんな難しい本は読めません」である。じゃあ音読《おんどく》から始めるかと思って音読させたら、漢字が読めない。もう出版社の方々、書籍の漢字には全部ルビを振《ふ》ってください。

でも、あなたは違う。貴重な「日本の読書人１２００万人」のひとりだ。「日本の読書人１２００万人」のひとりに入るくらいに、あなたは運が強い。親ガチャに外《はず》れた人間こそ読書の習慣がないと無知不用心のままに生きるはめになり不幸不運必至なのに、そういう人間に限って読書の習慣がない。だから、遭遇《そうぐう》してもしかたがない類《たぐい》の人間に関わるはめになるし、重要な情報も入手できず、先人の知恵に触れることもなく、自己省察《せいさつ》もできず、さらに運が悪くなる。

しかし、こうして本書を開いているあなたは運がいい。だから、ニーチェも読めます。

0・2 本書はごく少数者向き

ヨーロッパ（とヨーロッパの影響下にある非ヨーロッパ世界）の歴史というのは、特に近代以降の歴史は、ニーチェの思想の正反対を実現する方向に進んできた。歴史は進化していると見る立場からしたら、ニーチェの思想の正反対が実現されてきたということは、ニーチェの思想が間違っていることの証《あかし》となる。

だから、ニーチェの思想は、面白がられはしても、否定され馬鹿にされるのが普通だ。だから、現代はニーチェが批判したタイプの人間が猛威《もうい》をふるっている。これからもっと本格的に、ニーチェが批判したタイプの人間が猛威をふるう社会になる。

ニーチェが批判したタイプの人間とは、私流《わたしりゅう》に大雑把《おおざっぱ》に言えば、「生まれっぱなしのままで、なるたけ安穏《あんのん》に気楽に生きて行くことが成功した生き方であるし、それは可能だと思い込んでいる人間」だ。「弱くてダメな自分を時間をかけて鍛えようとせずに、ありのままでいいのだと自分の弱さに開き直り、強者に嫉妬し、私は弱いのだから、他人や社会が私を厚遇《こうぐう》し保護する義務があると主張する人間」だ。つまり、生きることを舐《な》めているが、そのことに自覚がない人間だ。

私は、ニーチェに倣《なら》って、そういうタイプの人間を責めているわけではない。人間存在というのは楽《らく》に走るものなのだから、そうなりやすい。それは、しかたない。

私は、そういうタイプの人間になっちゃいけないと言いたいわけでもない。かえって、そういうタイプの人間の方が生きるのは楽だから、あなたがそういうタイプの人間なら私は祝福したい。めでたい、めでたい、おめでたい。

そういうタイプの人間の厚かましい強靱《きょうじん》さというものは、それはそれで生き物としてのサバイバルには好都合だ。弱者は生きる価値がないのだと早合点《はやがてん》して自死する人間よりは、自分は弱者だから強い人間に寄生していいと考える人間の方が、生き物としてははるかに強靱だ。生活保護を申請しようと役所に行ったら、窓口の職員に申請書さえ渡されずに追い返されたから自宅に閉じこもり、セルフネグレクトの末に餓死する人間よりは、自分が生きる場所を確保するためには詐欺でも強盗でも脅迫でも何でもやるという人間の方が、生き物としてははるかに望ましい。

ただし、本書は、そういうタイプの人間には縁もゆかりもない。本書は、貴重な「日本の読書人1200万人」のひとりで、かつ「生まれっぱなしのままで、なるたけ安穏に気楽に生きて行くことが成功した生き方であるし、それは可能だと思い込んでいる人間」になる資質に欠けた人のために書いた。「弱くてダメな自分を時間をかけて鍛えようとせずに、ありのままでいいのだと自分の弱さに開き直り、強者に嫉妬し、私は弱いのだから、他人や社会が私を厚遇し保護する義務があると主張する人間」になる資質に欠けた人のために書いた。ニーチェが批判するタイプの人間ではない魂を持って生まれてしまった人のために書いた。

だから、本書は読者を選びます。「この本は、ごく少数者むきの書物である」というのは、ニーチェの『アンチクリスト』（西尾幹二訳『偶像の黄昏　アンチクリスト』白水社、

1991、159頁）の序文の冒頭の言葉だ。本書もそうなのです。

0・3 仏教徒もイスラム教徒もみんなキリスト教徒

先ほど、私は、「ヨーロッパ（とヨーロッパの影響下にある非ヨーロッパ世界）の歴史というのは、特に近代以降の歴史は、ニーチェの思想の正反対を実現する方向に進んできた」と書いた。歴史は、「弱者救済」と「ユートピア構築（この世に天国を作ること）」を大義にして進んできた。

「弱者救済」と「ユートピア構築」が人類の大義となったのは、キリスト教組織が生まれたからだ。弱者でも生きて行けるようなこの世の天国がユートピアなのだから、「弱者救済」と「ユートピア構築」はセットだ。

キリスト教以前の世界には、そういう大義は存在しなかった。原始仏教は、「生きることはろくでもない。この世はしょうもない。二度とこんな世の中に転生《てんせい》しないですむように、悟りを開いて、この次元から抜けましょう」と言う宗教だ。「弱者救済」とか

「ユートピア構築」とか、できるわけないでしょ〜と潔《いさぎよ》く諦めているところが、実に冷徹《れいてつ》で素晴らしい。

しかし、そう思う私のような人間ばかりでは、この世はあまりに残酷なままだ。

そう思っている私でさえ、キリスト教組織が掲げてきた「弱者救済」と「ユートピア構築」という大義の成果である人権思想の恩恵を受けて生きてきた。かつては女性が享受することができなかった学問思想信条を選ぶ自由や職業選択の自由を行使することもできた。人権思想の源であるキリスト教組織が掲げてきた「弱者救済」と「ユートピア構築」という大義に感謝します。

ということで（どういうことかわからないけれど）、キリスト教組織の大義に賛同した人々の努力によって、歴史は進んできた。近未来は「弱者救済」と「ユートピア構築」という大義に反することは悪であるという思想がさらにさらに強力に浸透した世界になる。

キリスト教組織の大義である「弱者救済」と「ユートピア構築」は、キリスト教の分派のイスラム教は言うまでもなく、根本的にキリスト教の発想から離れられない西洋のさまざまな思想に浸透し、今日にいたっている。社会主義も共産主義も人権思想も、みなキリスト教の亜流だ。

キリスト教の亜流宗教組織には日本産仏教も含まれている。日本の仏教というのは、釈迦が到達した思想である小乗仏教《しょうじょうぶっきょう》が変質した大乗仏教《だいじょうぶっきょう》のジャンルに入る。この大乗仏教自体がキリスト教の亜流であり、日本の仏教は本質的には、みなキリスト教だと看破《かんぱ》したのは副島隆彦《そえじまたかひこ》だ。ご興味のある方は、『隠された歴史　そもそも仏教とは何ものか？』（PHP研究所、2012）をお読みください。

だからこそ、戦国時代の末期に、燎原《りょうげん》の火のごとく、キリスト教は日本に広まったのだ。もともとが日本の仏教はキリスト教の影響下にあったのだから。日本人にとっては、キリスト教組織が大義とする「弱者救済」も「ユートピア構築」も受け容れることは容易なことだった。

「弱者救済」は、宗教組織のスローガンであるばかりでなく、政治の重要なアジェンダでもある。「弱者救済」が実現されるシステムが機能していること、つまり、高度福祉政策が機能している国ほどリベラルな文明国であると考えられている。

ところが、リベラリズム（liberalism）に「弱者救済」の意味はない。リベラリズムは、文字通りの「自由主義」である。思想や信念の自由を認めることだ。個人には政治的自由や思想的自由や生殖を含む性的自己決定権である性的自由の権利がある。「人権」(human rights)だ。どんな人生を創造し、どんな生活を営むかは、その個人以外規定できない。この立場を政治哲学的にリベラリズムと呼ぶ。ただし政治学者の岩田温《いわたあつし》が『「リベラル」という病　奇怪すぎる日本型反知性主義』(彩図社、2018)において指摘《してき》するように、日本のリベラリズムは奇妙に変質している。この点については、本書の要点からはずれるので、これ以上は言及しない。岩田温の著書を読んでみてください。

人間は、他人の権利を侵さない範囲でならば、自分の好きに生きていいということなど、思想でも哲学でもなく、あたりまえの常識だと今の私たちは思う。けれども、そうなったのは人類の歴史の中でも、つい最近だ。

自由主義、リベラリズムという思想の起源のひとつは、宗教改革が引き起こした宗教戦争だった。カトリックとプロテスタントの血で血を洗う長年の凄惨《せいさん》な戦い＝正統性をめぐる価値の対立の凄まじさに人々は懲《こ》りた。だから、神の摂理《せつり》ならぬ「自然法」、つまりこの世界を支配する掟《おきて》の存在を自明の前提にして、その法に従うならば、あとのことは不問にする寛容《かんよう》（tolerance）を学んだ。これを古典的リベラリズムと呼ぶ。

こうした古典的リベラリズムにおける人間像は、第一次大戦によって吹き飛ばされた。人類初の近代戦の大量殺戮《さつりく》は、個人の主体性と尊厳を徹底的に無効にした。個人の個別性と自立性と自律性など、戦場の死体の山の前では無意味なお題目《だいもく》となった。

その幻滅の上に、社会は人為的に操作することによって、より良くより早く作り変えられるべきだという善意による社会工学的発想が、全体主義や社会主義の形式で20世紀に花開いた（?）。

しかし、その試みも失敗に終わった。第二次世界大戦によって、全体主義のナチスの第三帝国も大日本帝国も崩壊した。冷戦も終わった。共産主義国家ソ連に勝ったのは、資本主義国家アメリカ合衆国だった。アメリカ合衆国が体現していた「個人の自由」だった。個人主義だった。無知な類の日本人が「自分勝手」と同義語にして使っている「個人主義」（individualism）は、ほんとうは「個人の尊厳を大事にする」という思想だ。

もう、何らかの「共通善」を想定して、絶対的な理念を定めて諸個人を統合することは不可能になった。個人の欲望を肯定して、個人がそれぞれ自由意志で選ぶ生の多様性を、そのままに放散させるシステムでよいとする思想があたりまえとなった。絶対的な共通善の設定は、それを大義名分にして個人の自由を侵害し個人を搾取《さくしゅ》することで利益を得たい類の人々に利用されるだけだと理解されるようになった。

0・4 今や共通善は「弱者救済」だけ

しかし、ひとつだけ残った共通善がある。それが弱者救済《きゅうさい》だ。どの共同体でも、自分で食っていくことができない人々、つまり子どもや老人や病人や障がい者が、成員の3分の1を占める。この数字に統計的科学的根拠などない。私の観察から、おそらくそれくらいだろうと決めた。

共同体の残りの成員が、子どもや老人や病人や障がい者をケアするのは、あたりまえのことであり、しかたのないことだ。人間がひとりで生まれて、ひとりで育ち、ひとりで死んで、死後の後始末もできるのならば、共同体や社会を形成する必要はない。人間は、どうしても、どこかの段階で必ず弱者になる。それが人間の宿命だ。だから、弱者のケアこそが共同体形成と維持の目的だ。家庭や家族の最大の機能は弱者のケアだ。弱肉強食の自然淘汰《とうた》に任せるのならば、共同体など要らない。

弱者を見捨てるという行為は見捨てた人間をも傷つける。弱者を助けることができない自分自身の非力《ひりき》無能を直視しなければならないから。自分自身を信頼できなくなるから。弱者を遺棄《いき》する世界に対して恐怖と不安を感じるから。世界を信じることができなくなるから。

なぜ、私たちは、ほんとうは不幸不運な人が嫌いか？　弱い人が嫌いか？　不幸不運な人の中に、弱い人々の中に、自分の運命を幻視するからだ。この世界に生きて行くことの恐怖と不安を、あらためて意識させられるからだ。

そこまで世界に対する信頼の要《かなめ》となる「弱者救済」であるのに、宗教組織のスローガンや国家の政策になってきたのに、弱者救済が実現されないのはなぜか？

その理由のひとつは、弱者救済の「弱者」の定義を広げると、共同体の脅威《きょうい》になるからだ。共同体にとってコストがかかり過ぎることになるからだ。ひとりの弱者の救済のために数人以上の人間の奉仕と犠牲が必要になるからだ。未来はＡＩがしてくれるという説もあるが、ケア仕事はＡＩに最も向いていない。

子どもは成長して弱者から脱していくからいい。病人は病気を治療して弱者から脱していくからいい。老人は消えるからいい。弱者であることが人生の段階のいくつかの時期であるのならば問題はない。また生来の障がい者の数は多くはないので共同体の脅威にはならない。「障がい」の定義を無駄に拡大しない限りは。

しかし、弱者救済という大義を後ろ盾にして、揺りかごから墓場まで自分を弱者であると主張する人間が多くなると、共同体は彼らや彼女たちを包摂《ほうせつ》して機能できなくなる。ついには、弱者救済を看板に掲げながら、彼らや彼女たちの排除を画策《かくさく》実行せざるをえなくなる。

弱者救済が実現しない理由は別にもある。人間は弱者だからといって、おとなしくしていられるほど、おとなしい生き物ではない。人間は猛々《たけだけ》しい生き物だ。どんな弱い人間にも、どんな愚かな人間にも、主体性もあるし誇りもある。あなたは心身も知能も弱くて、あなたの判断はいつも間違うから、強くて賢い人の言うとおりに生きなさいね、と言われて素直に従うことができるだろうか。人間は必ず自己正当化する。何らかの形で自己主張をする。抵抗する。

たとえば、おカネがなく、病気であるが、口のきき方が乱暴で横柄《おうへい》で気持ち悪く威張るオッサンやジイサンは、助けが必要なのに、他人からかわいそうと思ってもらえず捨て置かれるというような事例である。まごうことなき弱者であるのに、「かわいそうランキング」の下位にいるので、他人からかわいそうと思ってもらえず、無視されるということも起きるのだ。

「かわいそうランキング」とは、2017年2月3日にウェッブエッセイサイトのnote に、白饅頭（別名は御田寺圭、テラケイ、terrakei07）が書いた「「かわいそうランキング」が世界を支配する」と題したエッセイ（有料）から知られた言葉である。街河《まちかわ》ヒカリは、同じく note に「かわいそうランキングとは、社会的弱者を救済するための活動やリソース配分の量および優先順位の決定に使われる社会的序列であり、他者から同情や共感を得られやすい弱者ほど上位に置かれ、得られにくい弱者ほど下位に置かれる」と、白饅頭の造語の意味を説明している（https://note.com/yokogao/n/n9f43580b75ac）。

弱者救済が実現しない理由は、他にもある。弱者と強者の線引きが難しいことだ。どちらが強者か弱者か区別がつかない局面は夥《おびただ》しくある。助けが必要なのに、自分が共同体の重荷になることを許せずに、衰弱する自分を引き受けて死んで行く人間は弱いのか、強いのか。

一方、助けを得た人間の中には恨み（ルサンチマン）を持つ者もいる。他者に助けられて生きている自分自身に誇りを持てないので、傷ついた自我を回復させるために、他人が自分を助けることは遂行されてあたりまえの正義であると自分の弱さを正当化する。そして、他人に要求するだけの人間になる。弱者であることの旨味《うまみ》を知った人間は、いつでもどこでも自分を助けろ、自分を食わせろと主張するようになり、共同体の重荷になり、ついには共同体に害を為す。こういう人間は弱いのか、強いのか？

現代社会の共通善たる「弱者救済」は、ほんとうに救済を必要とする人間を遺棄し、共同体の資源を食い散らかす自称弱者の獰猛《どうもう》な寄生虫をどんどん生産する可能性がある。加えて、弱者救済が実現しない最も大きな理由がある。これが決定的な理由だ。歴史は強者のものだ。頭が良くて残酷で悪い奴しか歴史を牽引《けんいん》できない。これこそ、ニーチェが洞察したことだ。彼らや彼女たちは、弱者救済を大義名分にして私利私欲を満たしても、本気で実践する気などない。弱者救済を実践しているような顔をしているだけだ。弱者は、今ここにない彼岸《ひがん》だの天国だの神の国などを妄想しているだけなので、今ここで生きることに徹底しないので、負けるのが必然である。これもニーチェが洞察したことだ。

かくして、歴史は、弱者救済と、弱者も生きて行けるユートピアをこの世に建設するために進んでいるように見えて、弱者を蹴散らして進むのだ。

ニーチェの思想を知っていると、こういう欺瞞《ぎまん》に騙されない。まあ、欺瞞に騙されているほうが楽《らく》は楽だ。しかし、本書を読んでいるあなたは、そういう楽な自己欺瞞をする才能はないので、ニーチェ思想で知的武装をしておこう。

0・5 大義を疑うためにニーチェを

つまり、私が何を言いたいのかと言えば、誰も反対できない大義、正論というものは、人間存在のあまりのややこしさと、そのややこしさに対する認識不足により、予想外の方向に進むかもしれないということだ。と同時に、その大義、正論というのは、誰かの仕組んだプロパガンダでありうるということだ。

弱者救済が為されるユートピア構築が声高に語られ、大義として明るく輝かしく掲げられていても、世界の実相は、救われるべき弱者をどんどん踏みつぶして進んでいるということがありえる。

また、弱者救済が為されるユートピア構築が声高に語られ、大義として明るく輝かしく掲げられていることに乗じて、弱者ぶりっ子して労せずに共同体から利益のみ引き出そうとする人々もいる。

弱者救済が為されるユートピア構築が声高に語られ、大義として明るく輝かしく掲げられていることに乗じて、弱者ビジネス、貧困ビジネスを始め、弱者を食いものにする人々もいる。

弱者救済が為されるユートピア構築を声高に語り、大義として明るく輝かしく掲げることによって、国政を牛耳り、福祉のためと称して増税を重ね、国民から収奪した富を宗主国に貢《みつ》ぎ続ける属国の為政者《いせいしゃ》たちは、そうやって保身《ほしん》に走るしかない。

弱者救済が為されるユートピア構築を声高に語り、大義として明るく輝かしく掲げることによって、弱者救済策のような顔をして、弱者を排除処分するプロジェクトが進行している可能性もある。そのプロジェクトに従事する人々には、その人々なりの大義がある。

世間やメディアが「弱者認定」する人々が、弱者どころか獰猛な寄生怪獣であることもありえる。理不尽で強欲な強者であるという理由で、匿名投稿者にＳＮＳで罵倒されるセレブな人々が存在するが、彼らや彼女らが存在するからこそ社会が機能しているということもありえる。

近未来の社会は、ますます弱者救済が大義となる社会であり、弱者と自称する人々が跋扈《ばっこ》するが、ほんとうに救済されるべき人々は遺棄されかねない社会だ。その中で生きて行くあなたは、そういう支配的な考え方から黙って距離を置くことが必要だ。「大義というものには胡散臭《うさんくさ》い面がある」と意識しておくだけでも、あなたの安全保障になる。

だからニーチェです。ニーチェ思想とは正反対の考え方が支配的になる世界だからこそ、ニーチェの思想を知っておくことが必要という逆説を、あなたには理解していただきたい。

とはいっても、本書はニーチェをネタにした自己啓発本ではなく処世術《しょせいじゅつ》本でもない。そんな実用的な本ではないのだ。私自身は、（第3章で言及するように）ニーチェに共感するぐらいなので、「誰の人生も結局は悲劇で、みな負け戦」と思っている。どんなに巧みに世の中を渡ったつもりでも、勝ち抜けたつもりでも、結局は誰もが無力非力に徒《と》手空拳《しゅくうけん》で死んで行く。だから、生きることの意味は、何かをどれだけ獲得したかということにはないと思っている。生きることの意味など人間にはわからないのだとも思っている。

そう思っている私に対して、生きることにびくつかずに、挑み続けることを諦めさせない言葉を与えてくれたのは、ニーチェだった。だから、そういうことについて、私は本書で書く。

0・6 本書の構成

言うまでもなく、ニーチェは、現在のドイツの一部で、かつてはプロイセン王国と呼ばれていた地域で生まれたフリードリヒ・ヴィルヘルム・ニーチェ（Friedrich Wilhelm Nietzsche 1844-1900）という思想家だ。思想家とか哲学者と呼ぶより文学者に近い。

ニーチェは病弱に生き、55歳で亡くなるまで、それぞれ長い13の著書を残した（最後の作品『権力への意志』はニーチェの死後に彼の妹がまとめた遺稿集ということになっているが、実は妹による贋作《がんさく》だというのが定説）。

ニーチェの著書は、まとまった評論文のものもあるし、警句《けいく》集とも箴言《しんげん》集ともつかない文章の集合で成っているものもある。1869年に24歳でスイスのバーゼル大学（University of Basel）から古典文献学（古代ギリシアや古代ローマ時代の文献研究）の教授として招聘《しょうへい》されたほど、ニーチェは大秀才だった。しかし、病気のために34歳で大学を辞してからは、年金生活に入り、在野《ざいや》の思想家として著述活動に専念した。FIRE（Financial Independence, Retire Early）の先駆だと言えば、そうとも言える。

本書では、これ以上は、ニーチェの履歴について言及しない。いささかなりともニーチェを読んだことがある読者にとっては常識であるようなことをここで書いても意味がない。また、ニーチェなど読んだことがない読者にとっては、日本で言えば明治33年に亡くなった大昔の人物の人生など、どうでもいいといえばどうでもいい。

日本では、ニーチェに関する研究書は、学術書から読みやすい新書まで、哲学者に関しては珍しいほど出版されてきている。ニーチェ入門書もいっぱい出版されてきている。ニーチェの伝記的事実や著書の内容紹介を知りたいのならば、書店や図書館でテキトーに選んで読めばいい。本書の巻末にも、私が読んだ限りの範囲のニーチェ入門書のリストを掲載しておいた。

でも、ニーチェの解説書とか入門書を読むのは手っ取り早く便利なようでいて、遠回りだ。まず何でもいいから、ニーチェの著作の翻訳を読むほうがいい。私自身の好みで言えば、『ツァラトゥストラかく語りき』か、『アンチクリスト』から読めばいいと思う。

ドイツ語といえば、名詞は文中だろうが何だろうが単語の最初の文字が大文字になるということぐらいしか知らない程度の私のような人間が、ニーチェのことを語るなど厚かましいにも程がある。でもまあ、ニーチェはもはやオープンソースの共有財産だ。私のようなチンピラだって、ニーチェについて語っていいと思う。

２０２２年11月にNetflixで配信されていた金城一紀《かねしろかずのり》原案脚本の連続ドラマ『CRISIS 公安機動捜査隊特捜班』（２０１７年に放映）を視聴していて、私は驚いた。テロリストたちのインターネット上の声明文に、ニーチェの『ツァラトゥストラかく語りき』の一節**「国家は、善と悪について、あらゆる言葉を使って嘘をつく。国家が何を語っても、それは嘘だ」**（佐々木中《ささきあたる》訳、河出文庫、２０１５年、82頁）が使われていた。

それぐらいに、ニーチェという思想家はポップだ。21世紀の読者の心を直撃する力がある。試しに、YouTubeで検索してみてください。ニーチェの著作の要約やニーチェの思想紹介動画がいっぱいあるから。

ニーチェは著作のタイトルのつけ方が上手い。ニーチェの著作のタイトルは、今でもいろいろな業界の屋号で使える。ラブホテルには、「悲劇の誕生」「人間的な、あまりに人間的な」「悦《よろこ》ばしき知恵」「善悪の彼岸」「道徳の系譜」が使える。会員制秘密クラブの機関誌には、「ツァラトゥストラかく語りき」「アンチクリスト」に「偶像の黄昏《たそがれ》」「権力への意志」「曙光《しょこう》」が使える。何にでも使えそうなのは、「反時代的考察」と「この人を見よ」だ。この最後の「この人を見よ」は、新約聖書から借りたものだけれども。

本書の構成は以下のとおりです。

第1章では、ニーチェ思想と正反対な事態がより本格的に出来《しゅったい》する近未来について書いた。岡田斗司夫《としお》が自身のオンラインセミナーで展開した「ホワイト革命」論をたたき台《だい》として利用させてもらった。

第2章では、ニーチェの思想と正反対な事態が実現されている社会がどのような様相を帯びるかを私なりに予測した。

第3章では、ニーチェ思想の私流の紹介だ。使用したテキストは、『悲劇の誕生』(秋山英夫訳、岩波文庫、1966初版/2022)と『ツァラトゥストラはこう言った』(氷上英廣訳、岩波文庫、1967初版/2022)と『ツァラトゥストラかく語りき』(佐々木中訳、河出文庫、2015)と『アンチクリスト』(西尾幹二、白水社、1991)と『善悪の彼岸』

（木場深定訳、岩波文庫、1970初版／2006）と『道徳の系譜』（木場深定訳、岩波文庫、1940初版／2006）の5作品6翻訳に絞った。

なぜ、これら5作品に絞ったかと言えば、単に（今のところの）私の好みだ。翻訳はいろいろ出版されているが、これも私の好みで選んだ。ツァラトゥストラの翻訳は2種類使った。どちらの翻訳も好きなので。

本書を全部読むのが面倒くさいならば、この第3章だけでも読んでください。第3章を読んだら、きっと第1章も2章も読みたくなるでしょう。

本書が、「生まれっぱなしのままで、なるたけ安穏に気楽に生きて行くことが成功した生き方であるし、それは可能だと思い込んでいる人間」になる資質に欠けた、ごくごく少数の読者の方々の心に届きますように。「弱くてダメな自分を時間をかけて鍛えようとせずに、ありのままでいいのだと自分の弱さに開き直り、強者に嫉妬し、私は弱いのだから、他人や社会が私を厚遇し保護する義務があると主張する人間」になる資質に欠けた、ごくごく少数の読者の心に届きますように。

あなたのような人は、今までだって、ちゃんと存在したし、生き抜いたんです。周囲に考えの合う人がいなくても、勝手にニーチェを友人にすればいいのです。同時代に友人がいなくても、どうということはないのです。

第１章

ニーチェの思想をあなたが必要になる契機は「ホワイト革命」

1・1 岡田斗司夫の「ホワイト革命」論の衝撃

２０２２年1月9日に岡田斗司夫が「コロナ戦争とホワイト革命」というタイトルのオンラインセミナーを YouTube で配信した。このセミナーは最初の30分ほどは無料公開だが、あとの１時間以上は有料のメンバーしか視聴できない。私自身は、リアルタイムでは視聴できなくとも、後で都合のいい時に視聴できる年間アーカイブ会員に登録している。

岡田のオンラインセミナーは面白いが、２０２２年1月9日のセミナーは、また格別に面白かった。岡田は、近未来の日本には「ホワイト革命」が起きると予測した。「ホワイト革命」とは何か？　以下の14点は、私が視聴したオンラインセミナーの岡田による「ホワイト革命」論の内容を私なりにまとめたものである。

言うまでもないが、この「ホワイト」には、人種の白人の意味はない。「ホワイト企業」のホワイトが示すように、倫理性が高いとか、公平であるとか、人権意識が高いとか、搾取的ではないとか、社会的責任を果たしているとかの意味である。

（1）コロナ危機は第三次世界大戦である。世界大戦は、だいたい4年間ぐらいは続く。この戦争が終わるのは、おそらく2024年か2025年。大きな戦争というものは、戦前と戦後の分断を作る。

（2）第二次世界大戦前の日本人の思想は天皇崇拝と国家主義であったが、戦後は個人主義と自由（リベラリズム）がメインになったように、コロナ危機のあとも思想は大きく変わる。

（3）どう変わるかと言えば、新しいピューリタニズム（puritanism）が支配する世界になる。世界は漂白される。世界はホワイトに塗り替えられて行く。

（4）ここずっと、人々は見た目を非常に気にするようになっている。外見を清潔に美しくすることが、何よりも重要になってきている。女性のみならず、男性も脱毛し、歯列矯正《しれつきょうせい》も一般的になり、美容整形手術に抵抗がなくなり、おしゃれに余念がなくなっている。外見ではなく中身が大事という、かつての正論が通用しなくなっている。

（5）この現象は単なる外見至上主義（lookism）ではない。見た目が綺麗であることは精神の綺麗さの表れであり、生き方が綺麗であることの表れであるという思想が生まれつつある。

（6）最近の漫才芸人たちは非常に見た目が綺麗になっている。と同時にネタも綺麗になっている、かつてのように、ハゲとかデブとかの外見イジリは減った。「下ネタ」も忌み嫌われるようになった。性差別ネタや貧困や学歴差別ネタもダメ。動物虐待系もダメ。悪口陰口風刺批判ネタもダメ。

（7）芸能人だからという理由で、不倫とか女遊びにギャンブルに暴力団との交際が大目に見られることはない。妻帯者の芸人が公共のビルの多目的トイレで妻以外の女性と性交したら芸能界に復帰できない（妻が相手でも問題だが）。

（8）Twitterで罵詈雑言《ばりぞうごん》的なつぶやきをする人は、さっさとミュートされている。政治家を名指しで口汚く攻撃する投稿は、かつては面白がられたが、どんどん読まれなくなっている。悪口《わるくち》や批判や辛辣《しんらつ》さに対して若い世代の耐性が低くなっている。

（9）今後もっとＡＩが発達すると、匿名アカウントでも速やかに本人が特定されるようになる。今でも企業は、本名で登録が普通の Facebook で就活生をチェックしている。匿名アカウントの身元がすぐに判明する時代になれば、企業は応募者の攻撃性や政治的な立場を容易にチェックすることができる。だから、ＳＮＳでは悪口や批判など書き込まない方がいい。今から削除できるなら削除しておこう。

(10) 今の日本の子どもたちに、今のアメリカのポリコレ・ヒステリーが伝染するのは、5年から10年後だろう。

(11) 今の子どもたちは、被虐待児でなければ、少子化により非常に大事に大切に養育されている。幼稚園でも保育園でも小中学校でも高校や大学でも手厚いケアを受けて育ってきている。コロナ危機を契機に勤務形態がオンライン化されたことは、ストレスに耐性の低い世代の就労条件として、今後はさらに進行する。

(12) 最近の若者は、イメージとしての清潔さにこだわる。他人が握ったおむすびより、コンビニで売られているおむすびを好む。生身の人間の手によるものは雑菌がいっぱいで不潔であり、工場生産のものの方が清潔だと思う。

(13) 将来は、ウイルス対策も兼ねて、フルフェイスのＡＩ装置を装着し、その装置がスマホの機能を果たし、その装置を操作することによって、検索、学習、栄養摂取ができるようになるだろう。

（14）将来は、見たくないものは見ないように、そのフルフェイスの装置で外界《がいかい》の風景は自分で選ぶ。見せたくないものは見せなくてすむように、フルフェイスの装置は自分の好む顔面を見せる。自分のアバターを作成して他人に見せるだろう。

以上が岡田の「ホワイト革命」論の要点だ。ただし、岡田は「ホワイト革命」が起きるのが望ましいことだとか、素晴らしいとは言わなかった。現在の状況は、「ホワイト革命」をもたらすだろうと予測しただけである。

1.2 「ホワイト革命」は、とりあえずは高度情報化社会の産物

岡田はすでに1995年に「ホワイト革命」の到来を予測していた。1993年に実用化されたインターネットが一般的になる前の1995年に、岡田は『ぼくたちの洗脳

社会』（朝日新聞社、１９９５／朝日文庫、１９９８）を発表した。岡田の言葉を借りれば、「ワープロ入力で送る電話機」もしくは「紙の要らないＦＡＸ」もしくは「電子井戸端会議」であるパソコン通信が存在しただけだった頃に、すでに今のＳＮＳの影響力を言い当てていた。

「今までマスメディアに一方的に洗脳され続けてきた一般人が、初めて自分から不特定多数の人に向けて自分の意見を述べるシステムを手に入れたのです」（朝日文庫版、１５５頁）と書いていた。

加えて、「人々のニーズをつかみ、最も効率よくそれを生産して販売することによって、多くの富を得られるのが、自由経済競争社会。それに対し、人々の不安や不満をつかみ、最も効率よくそれを解消する方法を提案することによって、多くの尊敬と賞賛を得られるのが、自由洗脳競争社会。得られる利益は経済利潤ではなく、洗脳利潤、つまりイメージである」（１６３‐１６４頁）と書いていた。

つまり、岡田は、１９９５年に、これからのインターネット時代は、「人々の不安や不満をつかみ、最も効率よくそれを解消する方法を提案する」情報を発信することによって、多くの人々を洗脳できる人間（＝多くの人間に自分の良いイメージを与えることができる人間）が勝つのだと示唆した。

１９９５年に自らが「自由洗脳競争社会」と呼んだ未来を、岡田は２０１１年に「評価経済社会」と呼び変えた。『ぼくたちの洗脳社会』を『評価経済社会　ぼくらは世界の変わり目に立ち会っている』（ダイヤモンド社、２０１１）というタイトルで書き直した。有益な情報を発信することによって、自分に関する良い「評価」を獲得し、自分の良いイメージを拡散することが、高度情報化社会に生きる人間の戦い方なのだ。

ネット内では誰もが情報発信者であり、誰もが情報を受ける。影響力と評価を交換し合うのがネット世界だ。ネット世界の情報の交換によって、事実が明らかになったり、世論が分裂したり、多様化したり、良識の線に収斂《しゅうれん》したりする。ネット世界の動向に大手メディアが影響されて動き始めたりする。

たとえば、最近は、自動車の買い替えのときに、人がもっとも参考にするのは、自動車会社のパンフレットや仕様書《しようしょ》ではない。各自動車の機能について報告する YouTuber たちの体験や意見だ。それら YouTuber たちの中には、明らかに自動車会社の雇った工作員たちも混じっていそうではあるが。

だからこそ、岡田は、高度情報化社会のネット社会になると、企業も個人も「いいひと戦略」を取らざるをえないと指摘した。情報のあふれるネット社会においては、イメージが悪くなると人々の支持が得られなくなるからだ。企業ならば商品が購入されなくなる。これが「評価経済社会」だ。

評価経済社会においては、非常に柔軟で、情報に自分を開き、良き情報を発信し、出会う人すべてから学び、自分を変えることを恐れない姿勢があるが、決していい加減ではなく、多くの人々が共有し支持する倫理性は体現しているが、隙のない優等生ではなく、自分の弱みや欠点も正直にさらけだせるが、他人にとって負担にならない程度にさらけ出せる人という点において、他人から信頼＝評価 good public image を獲得しているタイプの人間が勝つ。この人間タイプこそ、「ホワイト革命」に適応できる人間像だ。

1・3 道徳的であるという評価が個人だけではなく国や企業にも求められる

岡田は、さらに次のようなことも指摘した。企業にせよ公的機関にせよ、していることが旧態依然《きゅうたいいぜん》で評価が悪くなると、優秀な人材が来なくなる。結果として利益が出ない。こういう場合、待遇を良くしても無意味だ。給料がいいからという理由だけで参入する人材は、それだけのことしかできない。そういう人々では、自分が入った企業や公的機関の評価を高めるような高い志《こころざし》がなく、生産性の高いことはできない。

最近、若い上級（キャリア）国家公務員が役所を辞めることが多い（https://www.nikkei.com/article/DGXMZO66442380Z11C20A1000000/）。年功序列で変化を嫌う役所の中では志したことの何もできないというのが理由らしい。と同時に、官公庁や官僚に対する評価が低くなったことも原因のひとつだろう。官僚の不祥事が起きるたびにネット界で、「クソどうでもいい仕事」（bullshit jobs）とか税金泥棒と叩かれては、やる気が失せる。「評価経済社会」においては、企業も公的機関も、人々に高く評価されるような目的を設定し、目的遂行のために具体的に動き、その成果を公開報告できるようにならないと認められない。企業はかつてのように儲けるだけでは済まない。みなに支持される価値観を提示し、実践し、成果を公開し、その結果として利益が得られる。いわゆるＣＳＲ(Corporative Social Responsibility)の実践だ。収益の何%かを寄付する程度ではダメなのだ。

たとえば、２０２１年には三陽商会などの日本の大手アパレル業界が新疆綿《しんきょうめん》（中国が迫害しているウイグル地区の綿花から得るコットン）は使用しないと声明を出した（https://www.nikkei.com/article/DGXZQODL211WE0R21C21A1000000/）。

「意識高い系」消費者は、国際的に有名なブランドのチョコレートを買わない。搾取されがちな途上国の生産者や労働者の生活改善と自立を目指す運動であるフェアトレイド(fair trade)のチョコレートを買う。「この商品を作ることは世界コミュニティの役に立ってるし、あなたがこの商品を買うことは、良き志の実践に協力することになります」という評価の高い「物語」を提示しないと、心ある人々は買わない。

日本企業もこれらの志向に応えつつある。たとえば、『日経新聞』２０２３年1月20日朝刊を読むだけでも、日本企業の以下のような試みを知ることができる。ソニーは２

025年までに、テレビや音響やカメラやスマートフォンを含む原則すべての主要商品やサービスを、障がい者や高齢者に配慮した仕様《しよう》にする。

住友不動産は土地や住宅を持つ人に送っていたダイレクトメールを全廃し、削減した経費はデジタル戦略に投資する。従来は不動産会社が個人の登記情報を使って、広告の送り先を決めていたが、消費者は自分の承諾もなく個人情報を不動産会社が使用することに抵抗を感じるようになっている。不動産業界は中小企業が多く紙文化は根強いが、メタバースで住宅購入の相談サービスを始める方へ移行しつつある。

イオンモールは、2030年までに使い捨てプラスチックの使用量を18年比で半減させることで、環境意識の高い消費者にアピールする。フードコートでの使い捨て食器を顧客が辞退するとポイントが貯まるというような取り組みも始めた。

民間企業ばかりでなく政府や国も評価を向上させないと、優秀で志のある人ほど国政に参加しない。政治家に問題があると、その政治家についてネット世界が炎上する。マイナス評価は氾濫し、政治家全体の評価まで下がる。政治家の社会的評価が下がれば、質のいい人材は政界には進まない。政治家になるのは、家業が政治屋さんの後継者か、芸能人か、利権を守る元官僚だけになる。

また、良い評価を受ける国であれば、国際社会で発言力を高めることができる。いくら国内が繁栄していても、それだけでは評価されない。世界に貢献していることをアピールすることによって、高い評価を獲得することが国益となる。実際には世界に貢献していなくても、しているように見せるのが巧妙な国が、愚直にルールを守る国よりも良い評価を受けるということもありえる。評価経済社会では、謙虚《けんきょ》な善より、これ見よがしの偽善が勝つ。

国が軍事力や経済力（ハードパワー）によらず、その国の文化の魅力や立派な価値観や平和的な正義の遂行に貢献する姿勢（ソフトパワー）に対する支持を外国人から得ることにより、国際社会において信頼や発言力を増加させる。これは、従来から有効な国防策のひとつであった。

高度情報化社会の評価経済社会では、ますますそれが要求される。「これこれこういう貢献を世界にできます」とアピールすることが、国防力や経済力とともに日本の安全保障となるのだ。

かつてのアメリカは、自由と民主主義という大義実現のリーダーとして、国際社会における評価が高かった。それが、第二次世界大戦後の世界の覇権国《はけんこく》になれた理由のひとつだった。

しかし、ネット社会の発展により、その黒歴史や闇が、権力者共同謀議論（いわゆる陰謀論）を超えて世界中に知れ渡った。世界覇権国としてのアメリカの凋落《ちょうらく》の理由はいくつかあるが、アメリカに対する評価の低下も大きな理由だ。

中国がほんとうに世界覇権国になる気ならば、中国政府は、中国の評価を向上させることについて着々と実行準備しているに違いない。人類社会に貢献できる価値観を示し、実践し、その成果を公開しないと、世界のリーダーにはなれない。道徳的でないと評価されないのだ。

ネット社会で低い評価を与えられ、批判され否定されると、個人の社会的生命が絶たれることも起きる。悪いことはできない。悪いことをしたら、すぐに謝罪し償うことによって、ネット世論の支持を得なくてはならない。

「天網恢恢疎《てんもうかいかいそ》にして漏らさず」というのは、天が張りめぐらした網《あみ》は広く大きく目も粗《あら》く見えるけれども悪事・悪人は逃さないという意味だが、21世紀の天網はインターネットなのだ。

２０１９年4月に池袋で自動車を暴走させて歩行者を殺傷したが、諸事情で逮捕されなかった上級国民の件はネット界で大炎上した。その上級国民は、「運転していたプリウスに電子系統の異常が起き、ブレーキが効かなくなった」として無罪を主張したので、さらにネット界で批判され続けた。上級国民は在宅起訴され、公判において検察側は、上級国民の過失を指摘し禁錮《きんこ》7年を求刑した。東京地裁は検察側の主張を認めはしたが、２０２１年9月に禁錮5年の実刑判決を下した。上級国民側も検察側も控訴《こうそ》せず、判決は確定した。上級国民が控訴しなかったのは、ネット界でのさらなる大炎上を避けたかったのだろう。

他の事例としては、２０２１年2月に北海道旭川市の女子中学生が凍死自殺したという事件だ。その女生徒は、旭川市立北星中学校在籍時に同じ中学の生徒たちや別の中学の生徒たちから性的暴行を含めた集団暴行を受けた。中学側はその暴行事件に適切に対処しなかった。数々のショックを受けて転校した女子中学生は、心の傷を回復させることができず薄着のまま寒い晩に家出し、凍死体で発見された。

この事件については、最初の頃は、『週刊文春』以外の既成大手メディアはあまり報道しなかった。だから、従来ならば、北星中学の教員も加害生徒たちも自分たちの行為を隠蔽《いんぺい》できたはずだった。既成大手メディアが報道しなければ、起きなかったのと同じだから。

しかし、この問題はYouTubeやSNSで大炎上した。北星中学校の元校長や教頭や担任教員はYouTubeやSNSで批判され、顔写真も住所も晒《さら》された。暴行加害者と思われる生徒たちの名前（キラキラネームが多かった）や顔写真もSNSで晒された。ネット界の大炎上に刺激《しげき》されて、大手メディアが、この事件を問題にするようになった。

これらの例のように、企業にしろ、公的機関にしろ、大企業にしろ、中小企業にしろ、個人商店にしろ、個人にしろ、悪いことをするのが非常に難しくなっている。誰かがSNSに書いて暴露するから。内部告発するから。

最近、高齢者の反社会的言動が多いという報道やネット記事が目につく（https://best-legal.jp/runaway-old-man-9958/）。

それは、つきあうのにややこしい面倒くさいタイプの人間はミュートされたりブロックされたりフォロー外《はず》しされたりするネット社会のＳＮＳが生んだ人間関係のありように適応できない類の高齢者がイライラを募《つの》らせているからかもしれない。

今は、男だから、老人だから、年上だから、上司だから、地位があるから、金を持ってるからという理由では、敬意も払われないし気を遣《つか》ってもらえない。他人と関わりあいたいならば、他人にとって負担とならない人間でいなくてはならない。「いいひと」であることをアピールしなくてはならない。

従来ならば、「いたずらしただけだ」とか「コミュニケーションのつもりだった」とか「親しい人間だと思ったから、ふざけただけだ」と言って許されてきたような行為も許されなくなった。

なのに、女性自衛官にセクハラ行為をはたらく男性自衛官の事例は少なくない。つい最近も、女性自衛官に執拗にセクハラ行為をした男性自衛官５人が防衛省から懲戒免職処分を受けた（https://www.nhk.or.jp/gendai/comment/0026/topic083.html）（https://www3.nhk.or.jp/news/html/20221215/k10013924071000.html）。

「いい人でないこと」の代償は大きい時代になりつつある。なのに、その認識が薄く危機管理意識に欠けているのは、自衛隊ばかりでなく、日本郵便も同じであるようだ。ネットでハラスメント相談で検索すると日本郵便でのハラスメントは非常に多い。

たとえば、2015年11月に次のような事件が、東京都内のある郵便局で起きた。期間雇用の女性社員が窓口業務を担当しているときに、男性上司が背後から急に梱包《こんぽう》用ガムテームを彼女の口に張った。ショックを受けた女性がテープを剝《は》がしたら下唇の皮の大部分が剝がれて赤く腫れあがりただれてしまった。女性は翌日から休職した。

その後、女性は上司と郵便局長に抗議したが、上司は「かわいかったのでちょっかいを出しただけだ。（もっと痛くなるように腫れたところに）レモンをつけようか」と答えた。この上司は郵便局側の聞き取り調査に「忙しかったので、気持ちを和《なご》ませるため、いたずらな気分でやった」と説明し、郵便局長はそれ以上の対処はしなかった。この郵便局は、窓口業務の期間雇用女性社員は忙しいが、正規雇用社員の上司は暇をもてあまして小学生並みの言動をしても許される類《たぐい》の職場であったらしい。

女性は故郷の熊本県に帰り、病院に行ったら適応障害やうつ病と診断され、職場復帰ができずに、2016年9月に退職した。その後、女性は上司男性と日本郵便に計17 12万円の損害賠償を求める訴訟を熊本地裁に起こした。

熊本地裁は、女性から抗議を受けた郵便局が調査を怠り、女性に診断書の提出を求めなかったことなどを指摘し、日本郵便が「使用者として職場環境配慮義務を怠った」ことを認めた。上司の行為と郵便局の姿勢が、女性の精神状態とかなり強い因果関係があると判断し、熊本地裁は上司と日本郵便に計195万円の支払いを命じる判決を言い渡した。上司と日本郵便は控訴したが、2022年12月21日に、福岡高裁は1審判決を支持し、賠償額を計259万円に引き上げた（『毎日新聞』2022年12月22日西部朝刊）。

私は、今どき、このような行為が許されると思い込んでいる馬鹿で不用心な男性や職場があるのかと驚いた。地方ならいざしらず東京都内の郵便局である。これは暴行罪や傷害罪が適応できる刑事事件ではないだろうか。裁判所によって認められた賠償額も少ない。259万円では被害者女性の1年分の生活費や医療費にも足りないと思うのだが。

この点について岡田は言及《げんきゅう》してはいないが、ホワイト革命が進行し、ちゃんといい人でないと通用しなくなった社会の到来に対しては、女性の方が上手《うま》く適応できると思う。

一般的に女性は、他人に気を遣いながら生きている。他人の地雷を踏まないように注意している。他人からの評価に敏感である。概して女性の方が男性よりはルールも守る。その習慣とスキルは、ヴァーチャルな世界でも発揮される。

岡田の言う評価経済社会、つまりホワイト社会では、「良心的企業」や「いいひと」が生き残る。「世界コミュニティに貢献する」国家は真の国防ができる。「ホワイト革命」は、実際は個人レベルの話ではない。役所や企業などの組織レベル、経済レベル、国際関係レベルで起きることなのだ。

1・4 21世紀の「優しい良い子たち」は進化した人類か？

2022年1月に発信された岡田の「ホワイト革命」論は、非常な関心を呼んだ。再生数も非常に多かった。切り抜き配信でさえ、非常に多く再生された。それは、多くの視聴者が漠然と感じていたことを岡田が明瞭に言語化したからだと思う。

21世紀に入ってしばらくしたあたりから、大学教員時代の私が観察する限り、大学生は、それ以前の学生と比較すると、差別的表現に敏感になっているようだった。また、辛辣さとか批判とか毒のある冗談を、攻撃であり不道徳な行為と受け取る度合いが強くなってきていた。

同時に、彼らや彼女たちは、自分に対してだけでなく他人に対してでも、誰かが発した言葉が強かったり、圧が強かったりすると、反発し拒否していた。

そのほかに、ゼミで使用するテキストの著者の政治的見解や人間観が、非常に明確で現実的であるがゆえに厳しく見える場合、そのテキストは学生に受け入れられない傾向があった。現実的で明確な強い意見を提示されると、「押しつけられた」とか「決めつけられた」と感じるようだった。

どんな見解を提示されようが、選ぶのは自分自身なのだから、自分が好まない意見は無視するか聞き流せばいいのに、明確な意見というものに奇妙な被害者意識を持つようだった。だから、私は、「ああでもないこうでもない、こうとも言えるし、ああとも言えますね〜〜」的な書き方をする著者の著書か、事実を淡々と提示するタイプの著者の著書をテキストとして選ぶように気をつけていた。

たとえば、「世の中はおカネではない。仲間どうし助けあえば、おカネがなくても生きて行ける」という優しいほんわかとした表現はいい。しかし、「仲間どうし助け合って生きることを可能にするのは、他人を助けることができるような経済力や能力がある人間が仲間内に存在しなければならない。強くて頼ることができる人に依存するだけの人間ばかりが集まっても、仲間どうし助けあうことは可能にならない」という意見は嫌う。現実的な意見は嫌う。みんなで優しく気分良く、いい人たちの輪でいたいのだ。

それから、次のような奇妙な姿勢の学生も出現してきた。たとえば、会ったこともないし教えたこともない他学部の（名前から判断して）男子学生から、「いつも行くコンビニの前にホームレスのおじいさんがいますが、可哀想です。なんとかならないでしょうか」と問うEメイルを、私は受け取ったことがある。その学生への返信に自分がどう書いたか、私は忘れてしまったが、要するに「あなたがホームレスの人について、何かをしてあげたいと思うなら、あなたができることをすればいいです。できることがないのならば、諦めるしかありません。そもそも、なぜ私に質問するのでしょうか？」というようなことを書いたと思う。その私の返信に対して、どんな返信があったのか、もしくはなかったのかも、もう覚えていない。

ただ、今ならば、もう少し言葉を重ねて、その学生の奇妙な点を指摘して返信できたと思う。その学生は、社会学部の福祉関係の学科の学生だったので、恵まれない人々の力になりたいという善意の持ち主であったに違いない。コンビニのそばでホームレスの老人を見て何とかしてあげたいと思ったぐらいに心優しい人物であったに違いない。しかし、その優しさや善意には、地に足のついた現実感覚が希薄だった。

その学生は、自分がホームレスの男性に食料を渡すような、彼自身にできる具体的で現実的な行動は考えもせず実行もせず、親しくもない他人に「何とかならないでしょうか」と訴えていた。同情するしかできることがない自分の無力非力を直視することもなく、他人に「何とかならないでしょうか」と訴えて、その他人に何かさせようとしていた。

つまり、彼は「優しい僕は正しいのだから、教師ならば、その僕の言葉にきちんと応答するべきだ」と無自覚に思ったらしい。恵まれない人を目にしたことの動揺で胸が溢れて苦し過ぎて、ただただ誰かに訴えたかっただけかもしれないが、どちらにしても、彼の善意や優しさにはナルシシズムに近いような甘ったれた幼稚さがあった。自分ができることはしないで、すべて行政がやるべきことだと言い張るような「お客様市民」のような当事者意識のなさがあった。

そのほかに、21世紀に入ったあたりから、学生たちを見ていて気づいたことのひとつは、緊張や葛藤や対立や争いを非常に嫌い回避する傾向が大きくなっていることだった。たとえば、教室で学生と教員間で口論が始まると、当事者でもない女子学生が泣き出す。なんで？　私が大学生の頃は、学生と教員の口論が始まると面白がって見物していたものだったが。退屈すると、「すみません～～授業進行してください～～」と介入《かいにゅう》し、口論を止めていたものだったが。

その頃からだ、大学の事務局に学生の保護者からの苦情や依頼が増えてきたのは。「講義中に先生がこうした」だの「先生にこう言われた」だのと、学生ではなく保護者が苦情を言いに事務局に来るようになった。小学生か。

「特別な配慮」を大学に事務局経由で求める保護者も出てきた。たとえば、「うちの子は、感受性が鋭いので、教室が静かだと不安になります」とか、「授業中にあてるのはやめていただきたいです。あてられるかもしれないというストレスで情緒不安定になります」とか。どうせいと言うのか。

この場合、「非常に感受性が鋭いのは、あなたのお子さんの資質であって、それに対処する責任は、あなたのお子さん自身にあるのであって、他人がそれに対処する義務はないのではないでしょうか」と保護者に言ってはいけないのだった。優しく思いやりをもって腫れ物に触るように注意深く対処するか、対処するふりをしないといけないのだった。デイケアセンターか。

さて、ホームレスの男性の姿に心を傷《いた》め、何かせいと私に訴えてきた優しいだけの男子学生も、他人が口論している程度のことにすら恐怖や不安を感じて泣き出した女子学生も、ストレスがかかるから授業中にあてないで欲しいと保護者を通じて注文（？）してきた男子学生も、今やすでに40歳前後だ。

つまり、現代日本の中心的世代は、争い事や対立や葛藤にストレスを感じやすく、辛辣さとか批判とか毒のある言葉を深刻な攻撃であり不道徳な行為と受け取る度合いが強く、現実的対処を考えるよりも正論を言いたてる人々なのだ。

そうした人々が育てた子どもたちが、近未来には中心的世代になる。そうなると、争いや対立や葛藤を生じさせるようなことに強い嫌悪を抱く人々はさらに多くなっているだろう。だから、家庭でも職場でも近隣でも、人間関係において以前よりもいっそう言葉を選ばなければならないし、相手に心理的に負担のかかるような言葉は使用しないことが求められるようになる。

だから、岡田が指摘しているように、SNSで罵詈雑言《ばりぞうごん》的なつぶやきをしている人が、さっさとミュートされたり、ブロックされたりする。その傾向はこれからどんどん加速する。政治家を名指しで口汚く攻撃する投稿は、どんどん読まれなくなっていく。政治批判でも、かなり客観的な事実を提示したり、肯定的な方向性のある提案を加えないと、単なる言葉の暴力と判断される。

また、「口は悪いがいい人」や「偽悪者《ぎあく》」や「毒舌家」への許容度も下がる。そういう人々の発言の表面的な善悪を云々《うんぬん》する前に、発言の意味するところを考えたり、面白がる余裕はなくなる。表層の「いい人」ぶり、「いい人」仕草《しぐさ》が受け容れられる。

とはいえ、言葉や表現に気をつけること自体はいいことだ。文化や民度の高さのバロメーターでもある。「あなたは自惚《うぬぼ》れだけは強いが、気が小さく、他人の眼ばかり気にしていて、肝心な時に逃げて黙っている」と言っても、言われた側が素直に反省するはずがない。「あなたは自己肯定感が強く、他人への配慮もあるから、もっと意見を言ってくださると助かります」と言うほうがいい。内実は同じことなのだから。これならば言われた側は気分がよく、言った方も気分がよくなる。周囲の空気も良くなる。三方《さんぽう》よしだ。ひょっとしたら、「自惚れだけは強いが、気が小さく、他人の眼ばかり気にしていて、肝心な時に逃げて黙っている」人間が思い切って勇気を出すようになるかもしれないし。まあ、その可能性は低いが。

多くのSNS利用者は、ささやかな美談や心温《あたた》まる話に「いいね」をつけている。Twitterならばリツイートしている。みな優しい。ちょっと他愛《たあい》がない感じもする。しかし、優しくて他愛のない人の方が、何でもかんでも批判して言葉も選ばず攻撃的な応答を繰り出す人間よりは、はるかにつきあいやすい。

岡田がその到来を予測する「漂白化された社会」においては、そういう人々が多数派になる。だから、岡田は、関わる人々に対してにせよ、SNSへの投稿にせよ、言葉には気をつけるべきだと言う。ＳＮＳには匿名で投稿しないほうがいいし、匿名ブログも避けるほうがいいと言う。匿名で投稿すると無責任で過激な放言をしやすいから。

そういえば、２０２１年にテレビ東京制作の『アノニマス』という連続テレビドラマが放映されていた。日本の警察内に初めて設立された「ネット上での誹謗中傷《ひぼうちゅうしょう》による殺人事件捜査を専門とする指殺人対策班」（架空の部署らしい）を題材にしたものだ。パソコンやスマホの指の操作で人を殺すから「指殺人」だ。このドラマのリアルタイムでの視聴率は高くなかったが、見逃し配信アプリでの視聴率は高かったらしい。それだけ、ＳＮＳ利用者による誹謗中傷炎上の問題は人々の関心の高いテーマなのだ。

漂白された社会に生きるホワイトな人々は、社会的不公正に怒り、誹謗中傷や攻撃的言論や差別的表現を心底から嫌悪する。そういう人々が何世代も重なれば、いつか世界は、ほんとうに倫理的になるかもしれない。今はまだ、善意ではあるが、幼稚に近いほど他愛がなく、争い事を嫌い葛藤から逃げ現実から遊離しているように見える21世紀の「優しい良い子」たちだが、この精神風土が数世代続けば、人類の精神は成熟した平和を維持できるほどに進化するのかもしれない。かなあ。

1.5 ホワイト革命の先駆としてのポリコレとキャンセルカルチャー

「ホワイト革命」に似たような精神改良運動は、今までも宗教的には繰り返されてきた。アメリカには「大覚醒運動」（The Great Awakenings）と呼ばれる信仰のリバイバル運動が18世紀から定期的に起こってきた。しかし、現代の世俗の「ホワイト革命」の発端は、ポリコレ運動だったと思う。

ポリコレとは、言うまでもなく「政治的公正さ」を意味する英語のポリティカル・コレクトネス（political correctness）の日本語での略だ。ウイキペディアには、「性別・人種・民族・宗教などに基《もと》づく差別・偏見を防ぐ目的で、政治的・社会的に公正・中立とされる言葉や表現を使用することを指す」と定義されている。

アメリカでポリティカル・コレクトネスという差別的言語改良運動が生まれたのは、1980年代から90年代にかけてだった。それで、Indian を Native American と呼ぶようになった。Black を African American と呼ぶようになった。Congressman は

Congress member となり、chairman は chairperson となった。handicapped persons は physically challenged persons となった。

１９８０年代から90年代にかけてのアメリカは面白かった。アメリカの経済の悪化がアメリカ人をして謙虚にし、アメリカ建国の精神に戻ろうという気運が生まれていた。１９６０年代の市民権運動の熱が復活していた。多人種多民族が共存して自由に生きる移民国家多文化社会アメリカを再確認し祝福する運動が起きていた。

西洋白人キリスト教中心主義だった大学のカリキュラムにアフリカや中近東やアジアの歴史や思想に関する科目が増えた。当然、それらを専攻研究する非ヨーロッパ系研究者にも大学教員への道がより広く開けた。

そうした言葉や表現の改良から意識改革をめざした地道な差別是正運動が、現在ではＢＬＭ（Black Lives Matter）運動のような激しい怒りの抗議運動にシフトしている。現在は、黒人たちすらＢＬＭ運動に恐怖を抱く。上流階級化や中産階級化した黒人層は、「差別されたくないなら、努力して学び、勤勉に働き、法を守り、迷惑をかけず、社会に貢献すべきだ」などと言わない。恵まれない層の黒人たちの怒りと嫉妬を買えば、自宅に放火されたり、銃撃されるかもしれない。黒人社会も階級で分断されている（https://www.economist.com/united-states/2020/08/22/americas-black-upper-class-and-black-lives-matter）。

こうして、差別の問題は、口に出すのがより危険になり、充分に論議されないままになる。差別を糾弾《きゅうだん》し、差別のない理想社会の早急《さっきゅう》の実現を声高《こわだか》に言い募る人々の過激さに眉をしかめつつ、彼らや彼女たちと関わらないようにするのが身の安全だと考える人々が増える。

差別問題は、こうしてもっと地下に潜《もぐ》る。この問題について親は子どもに本音を言えない。夫婦は配偶者に本音を言えない。まさに、今のアメリカ合衆国で起きているポリコレ運動は、「アメリカ版文化大革命」だ。言葉狩りを通り越して思想狩りになっている。

アメリカでは、反ポリコレ的学説を唱える研究者は、所属学会から除名されかねない。反ポリコレ的見解を示した大学教授などの講演が学生の抗議運動によりキャンセルされる。言論の自由が脅《おびや》かされている。学問の自由が脅かされている。

反ポリコレ的学説とは何か？　たとえば、人種間の知能格差を肯定する説や、人間は成育環境ではなく生まれつきの遺伝子で決まるというような説である。それは科学的データに基づいたものであったとしても、激しい批判にさらされる。この点に関しては、橘玲《たちばなあきら》の『言ってはいけない　残酷過ぎる真実』（新潮新書、2016）や、その続編の『もっと言ってはいけない』（新潮新書、2019）を読んでください。

話をポリコレに戻す。アメリカの憲法学者のグレッグ・ルキアノフ（Greg Lukianoff）と社会心理学者のジョナサン・ハイト（Jonathan Haidt）は、キャンセルカルチャー（cancel culture）の猛威《もうい》を危惧している。

キャンセルカルチャーとは主にSNS上に展開されるような著名人の過去の不適切な行為に対する抗議行為のことだ。単にネット炎上のターゲットになるだけではなく、公的立場からの辞任や解雇や契約解除にまで発展することもある。

数百年前の政治家や軍人の銅像や記念碑が、彼らの持つ人種差別思想などを理由に引き倒されたり破壊されたりする。たとえば、主人公が女性差別主義者で、強姦の常習犯だからという理由で、『源氏物語』が日本の公立図書館から貸出禁止になったとしたら、馬鹿馬鹿しいことだとあなたは思うでしょう。それに似たような馬鹿馬鹿しい事態がキャンセルカルチャーでは起きる。

橘玲は、前述の『バカと無知』において、日本のキャンセルカルチャーの事例として、２０２１年に開催された東京五輪開会式直前に、開会式のテーマ曲を任されていたが、それを辞退した音楽家の件を挙げている。その音楽家は、少年期に身体障がい者の同級生に日常的に暴行（いじめと呼んではいけない、暴行だ）していたことを自慢げに雑誌で話したという過去がＳＮＳで暴露された。彼は、その炎上を鎮静化するために開会式の音楽を担当することを辞退した。

このような事例はどんどん増えていくだろう。過去に受けたセクハラや性的虐待を告発することによって加害者の社会的生命を絶つことができることを知った人々は、その事例から学び、泣き寝入りせずに告発に踏み切る。たとえ時効でもいい。損害賠償を得ることができなくてもいい。正義が為されることが大事なのだ。

ただし、社会の分断を促し、単純な敵味方思考や善悪二元論を促進する類のポリコレ・ヒステリーやキャンセルカルチャーに抵抗する動きも、アメリカにはある。若い人々には成熟した道を教えるべきであり、社会問題を善と悪の戦いのように単純化しないことを伝えるべきだと考える人々も多い。

前述のルキアノフとハイトは、過剰なポリコレ意識や、行き過ぎたキャンセルカルチャーについて、共著の『傷つきやすいアメリカの大学生たち　大学と若者をダメにする「善意」と「誤った信念」の正体』（西川由紀子訳、草思社、2023）の第4部において、次のような提案をしている。

（1）SNSは、精神疾患罹患率《せいしんしっかんりかんりつ》を高め、政治的に極端な二分化を促すので、Facebook や Twitter などのSNSは、集団的健康さ、開放性、公的会話の文明度を高めるために自らのプラットフォームを改善すべきだ。

（2）親も教育者も過度な保護は子どもに悪影響を与えるので、もっと自由を子どもに与え、子どもの自主性と責任感を育《はぐく》むべきだ。

（3）自分がどの人種や民族や性に属しているかというアイデンティティにこだわるあまり人間存在は差異を超えて共通するものが多いことを忘れがちになるので、アイデンティティ・ポリティックスに距離を置く教育をすべきだ。

（4）大学は、学生や学生の保護者からの批判を回避したい事なかれ主義に陥ることなく、学問の府らしくもっと事実の提示や表現の自由を守ることに留意すべきだ。シカゴ大学で実践されているように。

このような正常化への動きも見えているのだが、今のところ（2023年1月現在）は、反ポリコレ・ヒステリーや反キャンセルカルチャーの分は悪い。ピューリタン的に正義を言い募る「アメリカの文化大革命」は、アメリカを分裂させかねない勢いだ。

1・6 道徳化された社会形成のための段階としてのポリコレ・ヒステリー

ところで、日本のポリコレ・ヒステリー状況はどうか。アメリカのポリコレ・ヒステリーは、大学などが中心になっているが、日本のそれは、もっぱらＳＮＳが先行している。ネットが騒いで、テレビが問題にする。

たとえば、２０２１年に、惣菜《そうざい》が売られる「おかあさん食堂」という名称の某コンビニのコーナーが非難された。「料理は母親だけがすると前提している。女性差別だ」と批判された。

某俳優が「髪は嫁に切ってもらう」とインタビューで発言し、「嫁」という言葉の使用が女性差別だと批判された。

東京オリンピック・パラリンピック競技大会組織委員会会長が、「女性は会議で話が長い」「他の女性が意見を言うと競争意識で自分も意見を言うので会議が長くなる」と発言し、国の内外から抗議された。辞任要求署名運動が起き、会長は辞任せざるをえなかった。

アメリカのそれと比較しても、日本のポリコレ言葉狩りは幼稚な感じがする。そもそも母親が食事を作るのが当たり前の日常ならば、コンビニに「おかあさん食堂」という惣菜コーナーは設置されない。「おかあさん食堂」は、母親や女だけが「毎日いつでも」食事を作っていない状態を前提としているということがわからないで、批判しているという点で幼稚だ。

それから、若い俳優が妻を「嫁」と呼ぶことも、女性からすると、聞いていていい気分はしないが、吊るし上げるほどのことではない。その俳優も、もう少し年齢を重ねれば、昔の家制度の嫁という言葉を21世紀に妻に対して使うのは、カッコ悪い旧弊さであり、妻に対する敬意不足であることに気がつくだろう。

また、近いうちにこの世から退場するであろう80歳過ぎた男性の女性差別的言葉など無視でいい。「閉経して子どもを産む能力がない女が長生きするのは地球にとって弊害」と言った作家で東京都知事だった人物ほどの下品さも邪気もない。

しかし、私のような生温《なまぬる》く、寛大（？）な人間ばかりだと、世の中にはいつまでたっても差別的言葉が残るかもしれない。だから、たとえ矮小《わいしょう》で幼稚で軽薄に見えても、このような不寛容な言葉狩りも、ある時期には必要なのかもしれない。

今でも、ＳＮＳの時空のどこかでポリコレ言葉狩りが行われている。こういう騒ぎが起こり炎上することが反復されれば、人々は言動に気をつけるようになり、日本社会からあからさまな差別的言動は少なくなっていく。適切なポリコレ運動は差別的言動への抑止効果を持つ。

したがって、ポリコレ・ヒステリーというものは、社会が進化する過程において通過すべき嵐かもしれない。清水晶子とハン・トンヒョンと飯野由里子の鼎談《ていだん》集である『ポリティカル・コレクトネスからどこへ』（有斐閣、2022）にも、次善の策としてのポリコレの意義について書かれている。差別的言説が溢れるブラック社会よりは、偽善的であろうがホワイト社会の方がましだ。だから、しばしの間は、ポリコレ・ヒステリーを私たちは耐えるべきなのだ。

もちろん、差別的言動が社会の表面から消えても、差別そのものは消えない。おそらく差別はもっと巧妙に隠蔽《いんぺい》されるだけだ。しかし、それでも、差別的言動が社会の表面からだけでも消えることは良いことだ。

1・7 岡田が予測するホワイト革命は起きると私が思う理由（その1）

ところで、なぜ私は岡田斗司夫の予測に注目したのか？　それはその予測が的中すると思ったからだ。なぜ的中すると思ったのかと言えば、岡田には未来予測に関して「実績」があるからだ。そのことについては、すでに1・2において言及したが、もう少し詳しく書く。

私は未来予測本が好きだ。未来予測というものは難しい。１９７０年代や80年代初頭に書かれた未来予測本のほとんどがソ連の健在を前提としていた。ソ連邦崩壊を予測していたのは、私が知る限り、日本では小室直樹《こむろなおき》（１９３２‐２０１０）だけだった。『ソビエト帝国の崩壊　瀕死のクマが世界であがく』（カッパ・ビジネス、１９８０）だけだった。

１９８０年に出版されたアルヴィン・トフラー（Alvin Toffler １９２８‐２０１６）の *The Third Wave*『第三の波』（徳山二郎監修、鈴木健次＆桜井元雄訳、日本放送出版協会、１９８０／徳岡孝夫監訳、中公文庫、１９８２）も、その数少ない成功した未来予測本だ。Internet という言葉も Social Net Service という言葉もない時代に、「コミュニケーション革命」が起きて、人間のありようが変わることを、トフラーは正確に予測していた。『第三の波』で、トフラーが指摘したことは実に数多いが、次のトフラーの言葉に注目したい。

コミュニケーション革命は、われわれ一人一人の自己像を、いっそう複雑なものにするだろう。個人の差を、さらに細分化《さいぶんか》するはずである。われわれが、いろいろな自己像を「試着」する速さをスピードアップし、連続的にいくつもの自己像を取り換える動きをも速めるだろう。世間に向かい、われわれの自己像を電子的に投影することも可能になる。それが自己の人格にどんな影響があるかは、だれにもよくわからない。過去の文明を振り返っても、そのような強力な道具を人間は手にした経験がないからである。だが、その間にも、われわれの意識表現の技術は、加速度的に増強されている。

（『第三の波』中公文庫版、510-511頁）

ここで、トフラーは近未来にはコミュニケーションのツールが非常に発展し、そのために人間に一貫した自己像はなくなると示唆《しさ》している。このトフラーの見解を、より明晰《めいせき》に具体的に説明したのが岡田だった。岡田は、前述の『評価経済社会』において、トフラーの『第三の波』を踏襲《とうしゅう》していることを認めつつ、「高度情報化社会の正体は、一つの事実を様々な価値観でとらえてみせるということ」（237頁）であると述べた。

1・2で書いたように、この『評価経済社会』は、1995年に岡田が発表した『ぼくたちの洗脳社会』に加筆訂正したものだ。1995年に、岡田はすでに今のSNSの影響力を言い当てていた。同時に、岡田はインターネット社会というものが人間関係の解体を促《うなが》すことを予測していた。なぜ、解体していくのか。インターネットというものによって、多様な価値観や世界観の奔流《ほんりゅう》に人々が晒《さら》されるからだ。

岡田によると、高度情報化社会とは、「情報ではなく、情報に対する解釈があふれる社会」だ。解釈は、解釈する人間の価値観や世界観に依拠する。つまり、ネット社会とは「莫大な量の価値観・世界観が流通する世界」（『評価経済社会』２３８頁）なのだ。

私も、毎日毎日ネット世界をサーフィンならぬ徘徊《はいかい》するのだが、どんなに歩き回っても確固たる事実に出会えない。様々な解釈があふれているだけだ。それで疲れ切り、ネット断ちしようとするが、また徘徊してしまう。

岡田によると、「莫大な量の価値観・世界観が流通する世界」であるネット社会では、人々はＴＰＯに応じて複数の価値観・世界観を使い分ける。そうなると、矛盾した複数の価値観を同時に持たざるをえなくなる。確固とした自分自身という近代的自我が称揚《しょうよう》されるのは、「近代の前期、つまり情報や知識の量がある一定程度しか流通していなかった時代」（２４１頁）だから可能だったのだ。なるほど。

だから、岡田によると、ネット時代の人間は、「多重人格」（231頁）にならざるをえない。そうなると、「人間関係のフラグメント（細切れ）化は、これからもどんどん激化する」（269頁）。岡田はさらっと書いているが、これは実に厄介なことだ。親密な人間関係（家族や恋人や友人など）は、価値観や世界観を共有していないと維持しがたい。

事実かどうかわからないが、2021年に、ネットのニューズで、新型コロナワクチンやオミクロン感染予防のワクチンを接種するかしないかで意見が分かれて離婚した夫婦の事例を紹介していた（https://asagei.biz/excerpt/31375）。

たとえば、夫は「政府や自治体やメディアや医療界が嘘をつくはずがない」と思い何回でもワクチン接種をする。一方、妻は「政府や自治体やメディアは大衆操作のために虚偽を流すし、医療界は自分たちの利益しか考えていない」と思い断固として接種を拒否する。夫の世界観では、政府や自治体やメディアは一般国民（下級国民）を守るものであるが、妻の世界観では、それらは一般国民の潜在的敵である。男尊女卑時代の経済的自活能力のない妻ならば、夫とは異なる自分の意見は心に秘めるかもしれないが、現代の共稼ぎの妻は黙ってはいない。

ネット社会のような高度情報化社会で生きて行くためには、個人は「軽やかに色を変える能力が一番大切になってくる」（２４５頁）と岡田は言う。その姿勢では家族は容易に解体しやすい。たとえば、子どもを作った以上は、少なくとも子どもが成人するまでは、夫婦は協力して子どもの養育と教育に協力しあうべきだという価値観を夫婦ともに持っていたが、途中から妻（夫）が「一度しかない人生だから悔いなく生きるために自由に生きたいので家庭を捨てるのもやむなし」という価値観を持つように変わり、それを実践すれば、家族は解体する。

人間は自分の心を大事にし好きに生きるべきだという価値観が肯定されるようになって久しい。個人の尊厳の具現化である個人の自由という価値観は、18世紀の西洋近代啓蒙思想の本質であり、それを尊重するのが文明化された社会であるという価値観は、世界中に浸透し確固としたものとなった。

ほんの20年くらい前までは不登校児は非難されていた。職場での上司や同僚のパワハラやモラハラに心を病み、引きこもる若者も非難されていた。しかし、今は、行きたくない学校ならば行かなくていいと考える人々が増えている。引きこもることに理解を示す人々も増えてきた。

それは、情報があふれ、多様な価値観や世界観が認められるようになったからだ。簡単に物事の理非善悪を語れなくなってきたからだ。「それもありだよね」と思う人々が増えたからだ。より正確に言うと、何が正しいのか何がまちがっているのかよくわからない人々が増えたのだ。また実際に、何が正しく何がまちがっているのかよくわからないのだ。

ある人間からすると、どこからどうみても責められるべき行為が、別の人間からは援護され支持される。ある事件に関する情報があればあるほど、単純に白黒つけがたくなる。かつて信じられていたモラルが、新しいモラルがまだ確立しないままに激しく揺さぶられ捨てられているのが現代だ。

高度情報化社会となり、情報があふれ、情報の解釈があふれ、価値観が多様になり、人々が確固とした価値観や世界観を主張しがたくなり、他人からするとモラル・ハザードに見えかねない言動を人々が気楽にするようになれば、解体するのは家族や結婚や恋愛関係や友人関係だけではない。

規範や倫理というのは親密な人間関係の中で、特に家庭で学ぶ。公衆道徳を守り他人に迷惑をかけてはいけないという規範の持ち主でない保護者のいる家庭で育った人間には、公衆道徳というものがわからない。保護者以外の近隣の人間や他人が、公共の場で傍若無人《ぼうじゃくぶじん》にふるまう子どもに注意すると、その子の親に激怒される。「うちにはうちの育て方があります」と。社会の道徳より「うちのやり方」が優先される。

私は脚が悪いので、よくタクシーを利用するが、「最近は怖いです」と言うドライバーは少なくない。「予約の時間を30分過ぎても玄関に出てこないのに、そのくせなるたけ早く駅まで行けと無茶を言う客が増えた」とか、「インターネットのアプリで予約されたから、指示された場所に行っても誰もいない。無断キャンセルが多い」とか。

そういえば、大人数の会食の予約を受けて準備していたが、無断キャンセルされて途方に暮れる飲食店に関する話を、SNS上で一時期よく見かけた。

タクシーのドライバーが何よりも怖い場所は、「誰でもいることが許される公道《こうどう》」だそうだ。「常識の通用しない人間は昔からいたが、今ほど多くなかった」そうだ。常識というのは、大多数の人々に共有されている価値観であり、決まり事だ。その常識が消えつつある。

常識といえば、今の公立小学校では、まず新入生に授業中には黙って座席についているることを最初に教え習慣づけさせるのが一仕事《ひとしごと》なのだそうだ。かつては、教室の決まった席に授業時間の間じっと腰掛けていることは常識以前の常識だった。今はその常識を持たない子どもが多いらしい。つまり、家庭において、叱られもせず、躾《しつ》けられもせず、騒ぎたいだけ騒ぎ、動きたいだけ動く無規範状態で放置されてきた子どもが多いのだ。

規範を定めて子どもを躾けるのは養育者自身に規範がなければできない。その規範が、あまりに様々な生き方に関する情報の氾濫によって、規範性を失いつつある。どんな生き方を選ぶかは個人の選択に任せられているので、内面的規範のない人間の生き方は行き当たりばったりになる。

授業中に座席を離れウロウロしている児童が多い教室を授業参観で目撃した親は、公立小学校ではなく私立小学校に入学させるべきだったと思う。中学は絶対に私立に進学させなければいけないと思う。あるいは学校については諦め、実質的な教育や学習は塾に任せようと思う。カネがあれば、全寮制の中高一貫教育に子どもを委ねようと思う。

学校側も、非常識で無規範で衝動的な保護者たちの苦情に対応するだけで消耗《しょうもう》する。しかし、義務教育の公立学校は、どんな生徒だろうが受け容れるしかない。厳しく叱りつけると虐待と非難されるので、児童や生徒を叱るのもままならない。その結果、教員は疲弊し無気力になり、生徒間の暴行事件（いじめ）の対処も面倒になる。生徒に性加害をする猥褻《わいせつ》教員を教育現場から排除することも怠る。部活動において生徒を自殺まで追い込むような過度な練習を強いるファナティックな同僚に注意もしない。これをメディアは「指導死」と呼んでいるが、殺人に対して何をキレイごと言っているのだろうか。

不特定多数を対象にするパブリックな場といえば医療機関もそうだ。患者の非常識な言動に悩まされる医療従事者は少なくない。訪問診療や看護、介護に従事する人々の半分が、訪問先の患者や家族からセクハラを含むハラスメントを受けたことがある（https://www.kango-roo.com/work/6704/）。

自宅訪問までしてケアに従事してくれる人々に敬意を持つということは、価値観や世界観とかの問題ではなく、人間としてのあたりまえの配慮であり常識だと私は思うが、それは決してあたりまえのことではなくなっている。

訪問する患者の自宅がゴミ屋敷状態なので、その不潔さに対処するために靴下を2枚重ねて履《は》いていくというケアマネージャーの女性の投稿を、私はTwitterで読んだことがある。私が想像するよりも、はるかに日本人は壊れているらしい。

規範を同じくした親密な人間関係が解体し、規範がないと成立しないパブリック（公）も壊れた。だからパブリック空間が怖い。パブリック空間では、自分とは全く違う考え方をする人間と関わると、トラブルが生じるはめになる。自分の善意や常識が通用するとは限らない。これも、現代において、人々の関係が解体し希薄化しつつある理由だ。「同じ常識を共有する人」だと確信が持てないと、うっかり話もできない。言葉の通じない熊のような人間はいる。

1995年時点での「情報通信機器の発展と普及という高度情報化社会において、人間関係は解体する」という岡田の予測はあたったのだ。だから、私は、「ホワイト革命」も起こると思う。

「ホワイト革命」とは、高度情報化社会がもたらす情報の氾濫によりこの世界の無秩序《むちつじょ》なありようの一端を知った人々たちの、さらにこの世界の無規範状態に傷つき疲れた人々の「もっと道徳を！もっと倫理を！もっと良識を！もっと正義を！もっと公平さを！もっと思いやりを！もっと優しさを！」という心の声の集積から生まれるのかもしれない。

1・8 岡田が予測するホワイト革命は起きると私が思う理由（その2）——SDGsだのESGだのニュー資本主義だの

前のセクションで書いたように、「ホワイト革命」は、「もっと道徳を！もっと倫理を！もっと良識を！もっと正義を！もっと公平さを！もっと思いやりを！もっと優しさを！」という人々の心の声の集積から起きるように見えるが、この現象は自然発生的なものではないかもしれない。

ひょっとしたら、ホワイトであることを求めるこの潮流は、「地球を管理しているつもりの、人類ピラミッドの最上位を占めている人々」が、世界中の天才的知識人や科学者たちに考えさせた世界人類大改革プロジェクト（？）の一環かもしれない。

通称ダボス会議である「世界経済フォーラム」（The World Economic Forum）にしろ、国連にしろ、2015年あたりから、やたらまともなことを言うようになってきた。誰も反対できないような正論を臆面もなくぶち上げるようになってきた。

このことについては、拙著『馬鹿ブス貧乏な私たちを待つろくでもない近未来を迎え撃つために書いたので読んでください。』（KKベストセラーズ、2020）の第8章の「世界支配層御用達《ごようたし》機関と御用学者が奇妙に道徳的になっている」において書いた。その続編の『馬鹿ブス貧乏な私たちが生きる新世界無秩序の愛と性』（KKベストセラーズ、2022）の「まえがき」にも書いた。

たとえば、国連。国連という組織は、United Nations なのだから、第二次世界大戦時の「連合国」という意味であり、元枢軸国《すうじくこく》の日本からはカネを取るだけの胡散臭《うさんくさ》い機関だと私は思ってきた。国連など、「発展途上国不満ガス抜き機関」であり、アメリカ、イギリス、フランス、ロシア（旧ソ連邦から議席を継承）、中国という常任理事国の支配者層に都合の良いことを世界に指令する機関だと私は思ってきた。現に、国連は変な組織に侵入されている。

例を挙げれば、2022年7月に起きた安倍晋三元首相暗殺事件に関連して話題になった集金宗教集団の旧統一教会（現世界平和統一家庭連合）だ。日本のメディアがいくら騒いでも、国民がいくら求めても、日本政府は旧統一教会に解散命令を出せない。なぜならば、旧統一教会は、Universal Peace Federation ＝ UPFと称して、国連NGOになっているからだ。旧統一教会は、国連の経済社会理事会のメンバーであり、総合協議資格を持っている。日本は、国連（連合国）にとっては敵性国家であり、いくら分担金や拠出金《きょしゅつきん》を律義に貢いでも常任理事国にはなれない。日本は、国連NGOをどうこうできる立場にはない。もし本気で旧統一教会に解散命令を出すつもりなら、日本は国連と事を構えることになるかもしれない。国際社会における立場を考えれば、日本はそんなことはできない。

2016年には、アメリカ大統領就任前のトランプが国連への分担金や国連機関への拠出金の削減をしたいと言ったように、国連のありようについては批判が多かった。ところが日本人の多くはいまだに国連に幻想を持っている。まことにナイーヴというか、物事を疑わないというか、教科書に書いてあることを鵜呑《うの》みにするというか。

その国連が、2015年に「国連持続可能な開発サミット」を開催し、その成果文書として「我々の世界を変革する――持続可能な開発のための2030アジェンダ」(「2030アジェンダ」)を採択《さいたく》した。国連が2030年までに実現させたい17の目標SDGs(Sustainable Development Goals)は、私の印象では、あっというまに日本でも、小学校から大学まで広まり、学ばれるようになった。

どこに行ってもSDGsだ。バッジまでできている。YouTubeには「内田篤人《うちだあつと》のSDGsスクール!」というチャンネルまである。そのチャンネルは、M-1グランプリ2022で優勝した毒舌漫才で知られるウエストランドを出演させて、きわどい話題を出しそうになる相方《あいかた》に、もう片方が「あ、それSDGs的に問題があるから! 安全安心ほのぼのでなきゃ」と言わせている。SDGs推進チャンネルが、自分たちを揶揄《からか》う漫才を配信している。余裕たっぷりだ(https://youtu.be/5B4MaR52fNk)。

ところで、やたら、あちこちで、SDGs!、SDGs!、SDGs!と言われるわりには、内容は知らない人が多いようなので、念のためにSDGsがどんな目標か書いておく。

1　貧困をなくそう
2　飢餓をゼロに
3　すべての人に健康と福祉を
4　質の高い教育をみんなに
5　ジェンダー平等を実現しよう
6　安全な水とトイレを世界中に
7　エネルギーをみんなにそしてクリーンに
8　働きがいも経済成長も
9　産業と技術革新の基盤をつくろう
11　住み続けられるまちづくりを
12　つくる責任つかう責任
13　気候変動に具体的な対策を
14　海の豊かさを守ろう
15　陸の豊かさを守ろう

16　平和と公平さをすべての人に
17　パートナーシップで目標を達成しよう

全く文句ない目標だ。なんで、いつまでたっても実現しないのかと不思議になるほどに基本的なことばかりだ。しかし、国連が、このような具体的で簡潔な目標を掲げるようになるまでには、国連のサイト（https://www.unic.or.jp/activities/economic_social_dvelopment/sustainable_development/）によると、そこそこ長い経緯がある。

いささか話は長くなりますが、本筋から逸脱《いつだつ》しますが、読んでやってください。なぜ「ホワイト革命」が起きるのか、およびそれを促進しているかに見える国連だの国際機関などの動きを確認しておくために必要なことなので。まあ読み飛ばしてもいいけれども。

国連創設後の最初の数十年は、環境問題が国際的な議題になることはなかった。1960年代に海洋汚染と油のたれ流しに関する問題についていくつかの国際間の合意があった。それ以降、グローバルな規模で環境の悪化を示す事例が増えた。国連は環境問題についての唱道者《しょうどうしゃ》となった。

経済開発と環境の劣化との関係が初めて国際的な議題となったのは、１９７２年にストックホルムで開催された「国連人間環境会議」においてであった。会議終了後、加盟国政府は国連環境計画（United Nations Environment Programme: ＵＮＥＰ）を設立した。ＵＮＥＰは環境問題解決を目的とする国際機関となった。

１９７３年、西アフリカの砂漠化防止活動の先頭に立つ機関として「スーダン・サヘル事務所」（United Nations Sudano-Sahelian Office: ＵＮＳＯ）が設置された。１９８０年代には、オゾン層の保護や有害廃棄物の取り締まりに関する条約が加盟国間で取り決められた。

国連総会が１９８３年に設置した「世界環境開発委員会」（World Commission on Environment and Development）の作業によって、新しいタイプの開発の必要性が理解されるようになった。世界の環境資源を保護する一方で、現在および将来の世代のために経済的福祉をもたらすような開発の必要性が。

「世界環境開発委員会」は１９８７年の総会にあてた報告のなかで、自由な経済成長だけに基づく開発に代わるものとして「持続可能な開発」という新しい概念を提唱した。

総会はその報告を審議し、国連環境開発会議（地球サミット）の開催を要請した。地球サミットは1992年、ブラジルのリオデジャネイロで開催された。地球サミットは、持続可能な開発を人権、人口、社会開発、人間居住の問題と結びつけた。1996年に「深刻な干ばつ又は砂漠化に直面する国（特にアフリカの国）において砂漠化に対処するための条約」（Convention to Combat Desertification in those Countries Experiencing Serious Drought and/or Desertification, Particularly in Africa）が発効された。

持続可能な開発とは、「将来の世代の欲求を満たしつつ、現在の世代の欲求も満足させるような開発」と定義づけられている。地球と人類社会のために持続可能で強靱《きょうじん》（resilient）な未来を築くことができる開発だ。この目的を達成するためには、3つの核心的要素（経済成長、社会的包摂《ほうせつ》、環境保全）の調和を図ることが、個人と社会の福祉のために必要だ。だから、地球的規模での貧困解消も道徳的かつ社会的要請だ。

ところが、そこまで経済成長、社会的包摂、環境保全を個人と社会の福祉のために必要な要因として理解し、貧困解決が緊急《きんきゅう》の問題になっているのに、国連は常任理事国の国々が旧植民地や属国に対して行使している困窮策《こんきゅうさく》を抑止しない。そのような国連がS

ＤＧｓをいくら掲げても、説得力がないと私は感じてしまう。

たとえば、私は、フランスについて不思議に思うことがいろいろあった。フランスは農業国であり、ハイテク産業も弱い。フランス系グローバル企業の数も多いとは言えない。利益率のいい輸出品もない。なのに、なんでフランスでは週休３日制を導入できるのか？　労働者が１か月休める長期バカンス制度はなぜ可能か？　税収で国庫が潤うのも不思議ではないほど国民が猛烈に勤勉に働いて税金を納めているようには見えないが。

その理由を、国際危機管理コンサルタントの丸谷元人《まるたにはじめ》の「世界の裏を読むインテリジェンス養成講座「秘密戦争」編」というダイレクト出版のセミナー動画配信から私は知った。さらに、フランソワ＝グザヴィエ・ヴェルシャヴ著『アフリカを食いものにするフランス』（大野英士&高橋武智訳、緑風出版、２００３）からも、私は知った。

フランソワ＝グザヴィエ・ヴェルシャヴは、フランス政府派遣の海外協力隊員としてアルジェリアに勤務した経験などから、フランスの政府開発援助資金が貧困解消のために使われるように求め、フランスとアフリカの関係改善を求める市民活動に従事してきた。

丸谷とヴェルシャヴの説をまとめるとこうなる。

（1）日本円換算で56兆円を毎年フランスはアフリカの旧植民地14か国から収奪してきている。この事実を一般のフランス人は知らない。

（2）その14か国は、以下のとおり。セネガル、ギニア・ビサウ、マリ共和国、コートジボワール、トーゴ、ベナン、ブルキナファソ、ニジェール、チャド、中央アフリカ共和国、カメルーン、赤道ギニア、ガボン、コンゴ共和国。以上の14か国全部あわせて人口1億3000万人以上で、フランス人口の2倍。

（3）1945年に、フランスはアフリカの14か国の旧植民地に「CFAフラン」という通貨の使用を義務付けた。CFA franc = Communauté Financière Africaine franc だ。通称アフリカフラン。表向きの理由は、経済基盤の整っていない旧植民地が自立しやすいようにということだったが、これがとんでもない搾取システムだった。

（4）まず、旧植民地の外貨準備金の85パーセントは、自動的にフランスの中央銀行に預け入れられる。旧植民地のCFAフランは、固定レートでフランスに全決定権がある。旧植民地は自国で自分の国の通貨を操作できない。

（5）旧植民地が得た外貨の85パーセントはフランスの中央銀行が得て海外の金融市場で運用し、そこで得た利益は旧植民地の「借款《しゃっかん》」になる。フランスが勝手に運用し、利益は旧植民地の借金となる。？？？？

（6）植民地時代にフランス政府が建設したインフラ（道路、橋、ダム、水道、電気）の費用は、独立した旧植民地がフランス政府に返済する（こんなことを日本が台湾や韓国や北朝鮮に要求していたら国際社会から非難轟轟《ひなんごうごう》だったろう）。

（7）旧植民地から産出される天然資源の最初の購入権はフランスにある。

（8）旧植民地の政府関係の事業は、フランス企業が最初に契約先や入札《にゅうさつ》対象となる。

（9）旧植民地の軍の武器はフランス製のものでなければならない。旧植民地の軍将校はフランス軍によって訓練を受ける。フランス軍には旧植民地に軍事介入する権利がある。旧植民地は、フランスの許可なしに他国と同盟を結べない。旧植民地は、フランスが戦争する時には、フランス軍として参加する。

（10）ということで、フランスは何もしなくとも、年間56兆円（日本の年間の税収より多い）を得ることができる。つまり、フランスは未だに植民地を持っている。旧植民地は未だに自決権が全くない。

（11）では、なぜこのような法外で理不尽な搾取を旧植民地は許してきたのか？　名実ともに独立国家になろうとしたフランスの旧植民地の国々の運動は全て潰されてきたから。フランス版CIAのような組織が仕組《しく》んだクーデターによって、独立派政権はすべて壊滅《かいめつ》させられてきたから。クーデターを起こす人々はフランスによって養成され操作されてきた。クーデター後に政権を担うのは、フランス軍で訓練を受けた軍人ばかり。

（例）トーゴ初代大統領オリンピアは、CFAフランを廃止して自国通貨導入を意図し、クーデターにより殺害された。アフリカ独立の統一通貨を目論《もくろ》んだマリ共和国の初代大統領も同じく殺害された。「CFAフランはフランスのアフリカ支配のための武器だ」と言ったブルキナファソの第5代大統領も、クーデターで殺害された。

以上のことが事実ならば、フランスも「他人のカネで食っている国」ということになる。アメリカ合衆国も巨額の米ドル国債を属国（日本とか）に買い取らせ財政赤字を補填《ほてん》し、貿易のルールを自国に都合よく変えることで貿易赤字を軽減してきた国であり、「他人のカネで食っている国」であるが、フランスも同じくらいにえげつない。

すなわち、国連が解消したい（フランスの旧植民地の）アフリカ諸国の貧困は、旧宗主国のフランスが作ってきている。国連はそのような不公正には目をつぶりＳＤＧｓを唱える。

また国連は、ＳＤＧｓの17目標のひとつ「海の豊かさを守ろう」を大義名分にして、海洋環境の保全のために海底資源の採掘《さいくつ》禁止を、ドイツの世界大手自動車製造会社ＢＭＷと国際環境ＮＧＯ世界自然保護基金（ＷＷＦ）とともに目指すことを２０２１年に決定した（https://sustainablejapan.jp/2021/05/01/bmw-wwf-deep-sea-mining/61466）。

ＢＭＷがなんで？　それよりも海底資源採掘禁止？　この発表に私はガッカリした。日本はエネルギーさえ自給自足できれば独立国家になれる。そのために排他的経済水域の海底資源の開発に未来を賭けていたのに。国連は、海洋資源を守るという大義名分により、常任理事国の属国である国（日本）の真の独立を邪魔しているのではないかと、私は邪推《じゃすい》している。

世界経済フォーラムの会長のクラウス・シュワブが2020年6月4日の「日本経済新聞」朝刊において、「世界の経済システムを考え直さないといけない。第二次世界大戦後から続くシステムは異なる立場のひとを包み込めず、環境破壊も引き起こしている。持続性に乏しく、もはや時代遅れとなった。人々の幸福を中心とした経済に考え直すべきだ」と言っているのを読んだとき、私は、「今のようなシステムにしたあなたたちが、今頃そんなこと言い始めても信用できません」と思った。

そうこうするうちに2021年5月の総会で世界経済フォーラムは、今こそ世界は「グレート・リセット」を必要とすると謳《うた》い上げた。その内容については、前述の会長シュワブとティエリ・マルレの『グレート・リセット　ダボス会議で語られるアフターコロナの世界』（藤田正美&チャールズ清水&安納令奈訳、日経ナショナル・ジオグラフィック社、2020）に詳しい。

そこには、「経済のリセット」と「社会的基盤のリセット」と「地政学的リセット」

と「環境のリセット」と「テクノロジーのリセット」と「産業のリセット」の内容が書かれている。ついでに「個人のリセット」まで書かれている。「倫理的選択」をせよと書かれている。『グレート・リセット』を読みながら、「あなたたちは倫理的ですかね?」と私は疑ってしまった。

『グレート・リセット』の原書は2020年の新型コロナウイルス感染が猛威を振るい始めてまもなく書籍になり、すぐに七か国語に翻訳され、同年秋にはその日本語翻訳が出版された。その仕事の迅速《じんそく》さと手回しの良さには驚くばかりだ。それだけ、今の世界の抱えている問題が困難なものであり、特に環境問題の解決については待ったなしの緊急性があるからだろう。それとも、かなり前から、あらかじめ「準備」していた仕事だったのであろうか。

世界経済フォーラムが提唱する「新しい資本主義」に関連して、日本では2020年に夫馬賢治《ふまけんじ》の『ESG思考　激変資本主義1990-2020、経営者も投資家もここまで変わった』（講談社+α新書）が出版された。

ESGとは、環境（Environment）と社会（Society）とガバナンス（Governance）のこ

とで、現在の地球環境が、人類が居住できなくなるほどに荒廃しないように環境問題に対処することを、各国政府や企業が実践するように推進監視するグローバル・プロジェクトのことだ。

夫馬は、2013年にいち早くサステナビリティ経営・ESG投資コンサルタント会社を創業した。サステナビリティ経営やESG投資の分野で、東証一部上場企業のクライアントを数多く持っている。環境省、農林水産省、厚生労働省のESG領域の審議会委員でもある。WEBサイト *Sustainable Japan* の編集長でもある。日本におけるビジネスや金融分野でのSDGsやESGの若き伝道者だ。

『ESG思考』において夫馬は、ESG意識が世界的大企業と機関投資家に与えている変化を豊富な事例で紹介し、その潮流に対する日本人や日本企業の無知を警告した。夫馬によると、日本企業は、いつまでたっても「オールド資本主義」の段階にいて短期思考経営をしている。すでに海外の大企業は「ニュー資本主義」の段階に進み、「サステナビリティ経営」や「ESG投資」や「CSV」(本書100頁参照)や「サステナブルファイナンス」に留意して社会的長期思考経営を実践しているのに。

脱資本主義の里山資本主義とか環境主義や社会主義とは違って、ニュー資本主義は環境や社会の影響を考慮すればするほど利益が増す（18頁から23頁）。このままでは、日本企業はＳＤＧｓに協力もせず、ＥＳＧの重要性も理解せず、それゆえに機関投資家たちの投資も受けることができずに、世界ビジネスの舞台から退場するので、日本は衰退必至らしい。

「サステナビリティ経営」とは、環境・社会への配慮により事業の持続可能性を図る経営だ。持続可能な社会と、企業の長期的な利益の両立を目指す経営を意味する。これまで、企業による環境対策は企業の社会的責任ＣＳＲ（Corporate Social Responsibility）活動の一環でしかなく、コストとして見なされてきた。しかし、今ではサステナビリティ経営を進めることによって企業価値が向上し、投資家を呼び込むこともできるし、将来の事業リスクを減らすことができるらしい。

「ＥＳＧ投資」とは、投資先企業の将来性を、従来のように企業の財務情報だけではなく、環境への配慮があるかどうか、社会的責任を果たしているかどうか、コーポレート・ガバナンス（企業の運営や被雇用者に対する姿勢や管理）の質がいいかどうかの3点に着目《ちゃくもく》して決定する投資法のことだ。

「CSV」とは、Creating Shared Valueの略称で、「共通価値の創造」のことである。企業が社会的課題に主体的に取り組み、社会に対して価値を創造し、それが多くの企業や人々と共有できるようになれば、経済的な価値も創造されるというわけだ。

「サステナブルファイナンス」とは、持続可能な経済社会システムの実現に貢献する（融資などの）金融メカニズムのことである。従来の金融機関は、経済・産業・社会が望ましいあり方に向かうことに、必ずしも協力するものではなかったが、もうそのようなことが許される状況ではない。

夫馬は、ニュー資本主義の「環境・社会への影響を考慮した経営をすると利益が増える」という考え方は、いかにも人々を騙すキレイごとであり、その裏には「何か壮大な陰謀があるのだろう」と考える陰謀論者が政治団体や宗教団体や一部のジャーナリズムにいると危惧している。そのような陰謀論者は、アメリカ共和党の保守派やリバータリアンなど「小さな政府」を支持する人々の中にも多いと述べている（23‐24頁）。

しかし、夫馬によると、状況は、小さい政府だの大きい政府だのと言って対立しているような段階ではなく、官も民も一致協力してサステナビリティを考え実行することが必要なほどに、切羽詰まっている。

さらに夫馬は『データでわかる２０３０年地球のすがた』（日経ＢＰ日本経済新聞出版本部、２０２０）においても、最近はグローバル企業や機関投資家の間で「気候変動」や「農業」「森林」「水産」「感染症」「水」「パワーシフト」「労働・人権」の８分野が抱える問題への危機感が共有されていると言う。なのに、日本人と日本企業には危機感がないと述べている（11－12頁）。

たとえば、地球は「水の惑星」と呼ばれるぐらいに水は豊富だが「真水《まみず》」は少ない。海水は豊富だが淡水は少ない。農業用水も工業用水も人口増に伴いどんどん増加し、真水利用率が高い。バーチャルウォーター（農産物などを輸入する国が、自国でその輸入品を生産すると想定した場合にどの程度の水が必要になるのか推定し算出される水の量のこと）から考えると、日本は海外の水資源への依存度が高い。日本は食糧自給率が低く、衣類や電子機器なども海外から輸入しているから。牛肉、小麦、大豆、コーヒー、オリーブオイルなどは生産量当たりの水消費量が多い。

つまり、バーチャルウォーター消費量が多く、外国の水資源を消費するという点において、日本は外国の環境劣化に加担していることになるのだ。だから、いずれ、日本は生産するのに水消費量の多い食品の摂取は不可能になるかもしれない。さもなければ、海水を淡水に変える事ができるが、多大なエネルギーは必要としない技術を開発しなければ地球の寄生虫呼ばわりされるかもしれない。ほら、日本って立ち回るのが下手で、ついつい悪者にされてしまいがちだから。

すでに多大なエネルギーを必要とせずに海水を淡水に変える技術は開発されているが、海水を淡水化した後に残る塩分の処理の問題がある。その塩分を海に放流すると、周辺地域の塩分濃度が上がり生態系を破壊する恐れがある。また淡水化プラントの水槽や配管に不純物が付着することを防ぐための化学薬品が、残水放流により海洋汚染の原因となるリスクがある。残存塩分や残存化学物質の有効利用ができる技術の開発を日本ができれば、バーチャルウォーター消費量が多いという海外資源への依存度の高さ（＝日本人は世界に対してかける迷惑が多いということ）への埋め合わせができる（201－217頁）。

いや、大変なことである。今までは、企業は便利で質のいい物やサービスを生み出して売ればよかった。儲けることによって生まれた利益によって、資本家が蓄財できた。被雇用者とその家族の生活が保証された。法人税が支払われた。残った利潤はさらに良い物やサービスを生むこと（研究、開発）に投資されていればよかった。そういう一連の企業活動そのものが社会に貢献することだった。

それが、今や、ＳＤＧｓやＥＳＧや「ニュー資本主義」という世界の潮流から見れば、視野《しや》狭窄《きょうさく》的で利己的で不道徳な行為となるのだ。地球資源のことを考え、環境汚染を引き起こさないことを考え、製造販売のプロセスで人権侵害が起きないように留意し、それを国内ばかりでなく国際社会にアピールしないと、機関投資家による大きな投資は得られないのだ。

さらに、大企業から中小企業にいたるまで、いかにＳＤＧｓやＥＳＧや「ニュー資本主義」のコンセプトに合致《がっち》した企業努力をしているか、その計画と実践方法と成果を報告書にして提出することが義務づけられるかもしれない。

もはや、「自分も他人も幸せにするために、金持ちになるんだ！　儲けるんだ！」という程度の志では起業できなくなる。国連や世界経済フォーラムの指針どおりにしないと、企業活動ができない。資金調達もできない。ああ、なんと面倒ください。

脱炭素（カーボンニュートラル）社会においては、どんな産業が未来の成長産業になるかを知りたい方は、夫馬の『超入門カーボンニュートラル』（講談社＋α新書、２０２１）を読んでみて下さい。

さて、なぜ、ここまで長々と、国連のＳＤＧｓや世界経済フォーラムのグレート・リセットやＥＳＧについて私は書いてきたのか？　それは、岡田斗司夫が予測した「ホワイト革命」は、すでにグローバル企業の経営法や金融システムに起きつつあることだと指摘するためだった。

この「ホワイト革命」は、今の問題山積《さんせき》の混乱した無規範に見える世界を持続可能な世界にするために国連や世界経済フォーラムなどの「人類ピラミッドの頂点にいる方方」が推進していることと、奇《く》しくも一致すると言いたいからだった。

このような各分野のシステムの「ホワイト化」は、人類の心の「ホワイト化」があってこそ可能になる。国や企業の道徳性の高さは、国や企業の成員たる個人の道徳性の高さがあってこそ実現する。すべては人間が作るのだから。

国連や世界経済フォーラムを牛耳る「人類ピラミッドの頂点にいる方々」の意図と合致するのだから、岡田が予測する「ホワイト革命」は起きるに決まっている。

第2章

ホワイト革命がもたらす7つの様相

2・1 歴史始まって以来の人間革命？

さて、岡田の言う「ホワイト革命」は起きる（と決めつける）。個人のレベルにおいても、国際関係の中で生きる国のレベルにおいても、企業のレベルにおいても道徳的であることが求められる世界になる（と決めつける）。

そして、物事の良い面だけを見て、暗黒面は見ないようにする傾向が大きく、非道徳的であることを嫌うと岡田が指摘する今の若い人々が、社会の中心層である40代や50代にいたる頃には、社会に何が起きるだろうか？

起きることの可能性は7つあると私は思う。これから、その7つの可能性について書く。書かれる順番は、起きる可能性の大きさを意味していない。なかなかニーチェにたどり着けずに、すみません。

まず1番目の可能性について。人間の心に闇など存在しないし、ホワイトでもブラックでもないグレーゾーンなどもありませんというのが建前ではなくなり、多くの人々の心理的実態となり、非常に道徳的な社会となる。

物事の闇の部分を見ないようにしていると、ついには闇は見えなくなる。そうなると闇は存在しないことになる。すると、心の闇など持たない非常にピュアな精神の持ち主ばかりになる。世界は浄化される。ならば「ホワイト革命」は人類史上最高の人間革命ということになる。

そういえば、岡田は内田樹《うちだたつる》との対談集『評価と贈与の経済学』（徳間書店、2012）において、「ぼく自身が壊したいと思っているのは、人間には本音があるという幻想なんです。これを打破したい。本音なんていらねえじゃんと」（180頁）と言っている。

岡田は、自分の心の奥底を無駄にほじくり返して、ネガティヴなことを言う本音なんて存在しないのだと言っている。道徳的に生きる人間の心の奥底には、不道徳に生きたいという本音があるという考えは幻想だから、ややこしいことは思わずに堂々と道徳的に生きればいいと示唆している。

岡田に呼応《こおう》して、対談相手の内田樹は、「死ぬまで、ありとあらゆる場面で偽善を貫いたら、その人は善人でしょ。人間は偽善を通じてしか善に到達できない」（183頁）

と言っている。最初は、みないい子ぶりっ子の偽善から始めて、ほんとうの善人になるのだと言っている。確かに、ただの保身による演技で始めたいい子ぶりっ子が身について、ついにはほんとうに「いい人」になるということはありそうだ。

さらに、そのほうが生き残りにも有利なのだと岡田は言っている。岡田は、『僕たちは就職しなくてもいいのかもしれない』（PHP新書、2014）において、ニートで引きこもりでも、ちゃんと家事をして家族に貢献すれば、「愛されニート」として生きて行けると言っている。コミュニケーション能力があれば、ご近所が必要とする作業を手伝い、家庭菜園で作った野菜を分けてもらえる。農業を無料で手伝い、農業を教えてもらうついでに、農作物を分けてもらう可能性もある。仕事や物は、あなたがいい人であることによって、発生する。これからはいい人であることがペイ（pay）するから、いい人でいようと『超情報化社会におけるサバイバル術「いいひと」戦略』（マガジンハウス、2012）でも勧めている。

そういえば、私が今まで読んできた「おカネがなくても生きて行ける方法」のほとんどが、「いい人」であることによって他人の助けを得ることだった。pha（というペンネーム）の『持たない幸福論　働きたくない、家族を作らない、お金に縛られない』（幻冬舎文庫、２０１７）であれ、坂口恭平の『お金の学校』（晶文社、２０２１）であれ。なるほど、そういうこともあるかもしれない。

2・2　魔女狩り社会になる？

２番目に起きる可能性は、不道徳や悪を嫌うあまり、ブラックどころか、グレーゾーンさえ許さない不寛容な「魔女狩り」的社会になる。

そもそも、魔女狩りをするのは、自分の中にも魔女がいるからだ。自分の中にある悪を直視して克服していないので、自分の中にある悪への恐怖を他人に転移《てんい》して、魔女狩りをする。

ほんとうに心底ホワイトなら、他人のブラックさやグレーゾーンに気がつかない。「あいつはカネに汚い」と批判する人間は、自分がカネに汚いか、自分もカネに汚かったら得《とく》できるのにと思っている可能性が高い。

中途半端な薄っぺらいホワイト化は、魔女狩り社会を産む。今のSNSの炎上騒ぎは、充分ホワイトになり切れていない中途半端で気の小さい善人たちの、「いけしゃあしゃあとブラックができる人間たちへの怒りと羨望《せんぼう》」から生まれているのかもしれない。「どうでもいいじゃないですか、他人がブラックでも。ブラック人間は必ず報いを受けるのだから、それを目の端《はし》で見物しつつ、自分はホワイトに徹して、有意義な行動に集中しよう」と思っていないからこそ、ヒステリックになる。

太平洋戦争の後期に至っても、日本の勝利をまったく疑っていなかった人々は、誰かが「負けるね、この戦争は」と言っても「大丈夫！日本は神国だから、必ず勝ちますよ！」と澄んだ目で明るく屈託なく言えただろう。日本の敗戦の可能性を口に出した人間に対して「非国民！」などと叫んでヒステリックに怒ったのは、ほんとうのところは自身も日本の勝利を疑っていたからだ。

「新型コロナウイルス感染を防ぐワクチンは接種しないほうがいい。あれは人口削減対策ですよ」というようなSNSの投稿に対して、激昂《げきこう》して批判する人々は、ひょっとしたらワクチンを接種したのはまずかったのかもしれないと怖れている。そのような投稿に対して、「また頭の悪い陰謀論者が根拠のないことを書いている」と心底思えるのならば、そのような投稿は無視黙殺できるから。非科学的な陰謀論に騙される馬鹿を相手にしてもしかたないと思うので。

ホワイト革命により、人々は、人間の善意と正義を愛する心と倫理感は理想的な社会を形成すると教えられる。悪意や邪気や攻撃欲やモラル・ハザードを憎むように教えられる。それらを人の心からも社会からも排除することを教えられる。そのような社会は、どうしても魔女狩りを産む。ホワイト革命が起きる社会においては、人間は、自分が正しい良き人間であることを常に他人に証明しなければならない。その手段のひとつが、他者の中にある悪や邪気や不正や不道徳的行為を指摘し批判することになる。

腐敗したカトリックや英国国教会を否定して、まことの神の国を地上に建設しようと清教徒たち（ピューリタン）は、新天地を求めて北米大陸東海岸に植民《しょくみん》した。今のニューイングランドと呼ばれる地域だ。アメリカの苛烈な魔女狩りは、そのニューイングランドのセイラムで起きた。21世紀のピューリタンたちによるホワイト革命も、魔女狩りをするだろう。その原初的形態がネットの炎上だ。

2・3 現実逃避社会になる？

3番目の可能性は、ホワイト革命になり、人々が道徳的になり、かつ道徳的でないと社会で受け入れられないので道徳的であることをアピールするようになると、しだいに道徳的である世界を自明として、人間や社会の暗い側面について認識不足になる。人類が均一《きんいつ》に画一《かくいつ》的にホワイトになることはないのに。

メディアはどんな残虐な事件が起きても、その事件の全貌《ぜんぼう》を報道はしない。事件そのものを報道しない場合もある。それは人間や社会の闇の部分を知らせることは、いたずらに社会不安を煽《あお》ることになるからだ。実際に残虐な事件の全貌を写真付きで詳細に報道したら、非難されることは確実だし、報道されたことを知った人々は、人間はこういうこともする存在なのだなと暗澹《あんたん》とした思いになるだろう。子どもなら、トラウマを抱えることになるかもしれない。

私は、子どもに夢と希望に満ちた物語を与えることも必要だけれども、中学生ぐらいになったら、様々な犯罪記録や事件簿や戦争の記録などを読ませるのも大事なことだと思う。真鍋昌平《まなべしょうへい》の漫画『闇金ウシジマくん』全46巻とか課題図書にしてもいいと思う。卑怯なクズばかりが登場する暗黒漫画から学ぶものは実に多い。

私は、子どもの頃に、大人向きの週刊誌や雑誌の記事や、松本清張の推理小説とか、いわゆる「中間小説」を読むのが好きだった。小説というのは、総じて「女性受難物語」なので、不幸な女性や不運な女性のサンプルがいっぱい書かれていた。おかげで、女性が不用心だと、とんでもないことになるという事例をいっぱい頭に叩き込めたので、恋愛や結婚に憧れることはなく、男性はまず信用しないことに決めたので、痴漢や露出狂には遭遇したが、凶悪な性犯罪にはあわずにすんだ。

性善説だの性悪説《せいあく》だのどうでもいい。どんなにホワイトに見える人間でも、グレーな部分やブラックな部分はあり、それらに対して用心しないというのは非現実的な姿勢だ。しかし、信じやすい人々は、人間存在の闇の部分を考えたくないので、それらに用心しないし避ける方法も考えない。そうなると、いざ問題が発生すると適切に対処できない。その体験が重なると、人はついに現実から逃避する。これが個人の問題に限られるのならば、その個人と周囲だけが不幸になるだけのことだからいい。

しかし、外交機関や国防組織や警察や司法機関に属する人々まで、ホワイト革命の超偽善社会に影響を受け、人間の暗黒面への対処がゆるくなったら困る。時に過酷で残酷な決断をしなければならない立場の人間が、「悪人」になれなくなったら、どうなるのだろうか。現実的に対処すべき問題が解決されないまま、社会が機能不全になり停滞しかねない。

たとえば、ほんとうに持続可能な環境に負荷をかけない世界を作るためには、人類の数が多すぎるとする。人口削減調節をしなければならないとする。すると、何らかの対策を採らねばならなくなる。産児制限をしたり、中絶したり、男女ともに避妊剤を摂取することを義務化したり。高齢者のための医療サービスを最低限にしたり、治癒不可能な病気の患者への医療を制限したり。道徳的なホワイト社会を維持するのならば、不道徳的なブラックになりやすい類の更生の可能性が低い人々の人権を限定することも必要となるだろう。

しかし、ホワイトであろうとする人々は、ホワイトな社会を維持するために必要なブラックな決断を回避するだろう。もしくは、そのような汚れ仕事は、自分ではない誰かがするのだと決めつけて、見て見ないふりをするのだろう。

そうなると、ホワイトな社会は、ホワイトのままに機能不全となり劣化し、ホワイトさを維持できなくなる。地獄への道は善意で敷き詰められているのだ。

2・4 バックラッシュ?

4番目の可能性は、ブラックどころかグレーゾーンさえ許さないような、正しいが不寛容な社会に対する反動が起きることだ。ホワイト革命による超偽善社会の息苦しさに風穴を開けるべく自らの心の奥の闇を解放し爆発する人々が出現することだ。「バックラッシュ」(backlash)とは、人種やジェンダーなどの社会的弱者に対する平等の推進や地位向上に対して反発する動きだ。反動とか揺り戻しを意味する。

多様性と人権の名のもとに異文化異教徒の移民に付与される福祉特権に反発するヨーロッパの「ネオナチ」がいい例だ。日本でも、中国人や在日韓国・朝鮮人が生活保護を日本人よりも給付されやすいと、当局に怒る「ネトウヨ」と呼ばれる人々が存在する。

アメリカでも、ポリコレ運動に対する反動というものがあった。「ポリティカル・コレクトネス疲れ」(political correctness fatigue) なる空気が生まれた。だから、ポリコレ問題を風刺するようなテレビ番組 *Politically Incorrect Night* なるトークショウが放映(1993-2002)され人気を博した。

2001年には、1968年に映画化された作品のリバイバルとして、ミュージカル『プロデューサーズ』(*The Producers*) が、ニューヨークのブロードウェイで上演された。このミュージカルを現地で私は2回見たが、次から次へと繰り出される差別ネタは観客に爆笑の嵐を引き起こしていた。動物虐待に、女性差別、ユダヤ人差別、ドイツ人(ナチス)差別、アイルランド系差別に、老人差別、同性愛者差別、マザコン男差別が満載だった。

上演終了後に観客は総立ちし盛大な拍手をしながら喝采《かっさい》をあげていた。あんなに楽しそうな観客の姿をブロードウェイのミュージカルや演劇で見たのは、私は初めてだった。差別的言葉を使わないように用心することに疲れていた人々が、その鬱屈《うっくつ》を解放させていた。この反ポリコレ・ミュージカルは2001年のトニー賞を受賞した（その後に映画化もされたが、映画版には舞台版の毒はかなり薄められていた）。

しかし、このミュージカルが、今後ブロードウェイで再演されることは、おそらくもうないかもしれない。ポリコレ運動は、今や単なる差別的言語改良運動を通り越して、BLM（Black Lives Matter）運動の例にも見るような、暴力を伴う激しい抗議運動になっているのだから。

とはいえ、反ポリコレ劇やミュージカルは表舞台からは消えてもアンダーグラウンドに生き続けるだろう。なぜならば、差別ネタというのは面白いからだ。なぜ面白いと思うかと言えば、そこには真実の何がしかはあるからだ。

岡田は、2022年の1月に発信したオンラインセミナーで、ホワイト革命現象のひとつとして、漫才とかお笑いから差別ネタや容貌いじりや下ネタや毒舌などが消えつつあることを指摘していた。それはほんとうだ。

1980年代くらいまでは、男性が女性の相方を蹴飛ばすようなDV漫才と言うか「どつき漫才」が、まだテレビでは放映されていた。あそこまで行くと見ていて不愉快だった。蹴飛ばされるのが男性ならばいいという問題ではなかった。

とはいえ、昨今《さっこん》のように、毒の消えた優しい良い人ばかりの漫才はつまらない。と思っていた私は、しばらく漫才を見ることから遠ざかっていたが、2022年12月18日放映の「M-1グランプリ」を視聴して、ウエストランドというコンビの漫才に珍しく笑った。彼らの漫才には毒舌と風刺と何がしかの真実がいっぱい詰まっていたから。

たとえば、「田舎にあって都会にないものは引け目であり、田舎でどれだけ成功しても都会じゃあこんなの大したことないもんなあと思う引け目から解放されない」と言うような発言は、地方蔑視《べっし》であり、ポリコレ的には笑えないし、笑ってはいけないのだが、私は大いに笑った。自分も田舎者であるにもかかわらず。その発言には真実が含まれていたからだ。地方では通用していたって東京では通用しないということは多いのだから。私と同じ思いを持った審査員が多かったのか、彼らの漫才は優勝した。

案の定、Twitterには、「悪口を言っているだけの漫才が優勝するなんて」という投稿が多かった。今の時代に、毒舌と風刺いっぱいの漫才を披露することのリスクを突破した彼らの凄さというものが、その投稿者たちにはわからないらしかった。彼らや彼女たちは、悪口を言ってる漫才なんてと批判しながら、自分たちが、その漫才コンビの悪口を投稿していることには無自覚だった。頭が悪い。

ひょっとしたら、彼らや彼女たちは、毒舌漫才を面白いと不覚にも思ってしまったので、あわてて自分のホワイトぶりを主張するために、ここぞとばかりに「いい子ぶり」を競っていたのだろうか。

このような匿名のゴミ投稿の問題はさておいて、ホワイト革命が起きても、ホワイトであることに飽き、鬱屈を感じ、ガス抜きしたくなる人々は消えないだろう。

2・5 人間はより画一的になりルッキズムに至りアバターに身を隠す

5番目の可能性は、人々がより画一的になり、かつ身体性からの逃避を始めることだ。どういうことだろうか。

ホワイト革命を通過する人々は、犯罪一般や差別的言動や不倫やパワハラモラハラセクハラばかりでなく、風刺とか批判とか毒のある言葉や表現を悪い行為と受け取る度合いが高くなるだけではなく、そういう言動を頭から否定拒否するようになる。だから思考が非常に硬直化する。

ある言動や表現に対して不寛容になり、それらを否定拒否し、思考が硬直化している人間は、それらが生じた背景（文脈、コンテキスト）を考えたり想像することをしなくなるので、物事の表層しか見えなくなる。言ってもしかたのない正論を言い立てる。真面目ではあるが根本的には薄っぺらい人間になる。

その不寛容さと拒否的姿勢と思考の硬直性は、画一的な社会や文化を作る。誰でも、不寛容に扱われたり拒否されたくはないので、大勢《たいせい》に従うようになるから。

そうなると、岡田が指摘したように「ホワイト革命」は人々を外見至上主義にする。外見至上主義というのは、男子高校生が主人公の韓国の人気アニメのタイトルになっているが、そもそもが未成熟な子どもの心性だ。せいぜい30代半ばまでくらいの心性だ。

外見至上主義、ルッキズム（lookism）というものは、価値観が固定された視野狭窄《しやきょうさく》の産物だ。価値観が固定していると、視野が狭くなり、その視野の狭さは美意識の幅も狭くする。その狭さの範囲内に収まるものしか美しいと感じなくなる。

そのような人々が多数派になればなるほど、ある特定の外見しか美しいと認めることができない文化となる。まだ視野も狭く、体験も思考も乏しい子どもは、型にはまったアイドルが大好きだ。黒澤明監督の『七人の侍』で軍師を演じた志村喬《しむらたかし》がカッコいいとか言う子どもなど見たことない。

視野の狭さによる美意識の幅の狭さから生まれた外見至上主義が昂《こう》じると、人々は「正しい人」は「正しい容姿」をしているに違いないと思い込む。狭い美意識の枠内から逸脱した「正しくない容姿」の持ち主は、「正しくない人」だという途方もない考え方をするようになる。正しいか正しくないかということと、美しいか美しくないかということは別の問題だということがわからない。

真善美が揃っている状態など、ファンタジーでしかなく、美しいが道徳的には間違っていることや、醜いが正しいことや、善意ではあるが醜いことや、悪意から生まれてはいるが美しいことはありうるということがわからない。

つまり、認知が歪《ゆが》む。いわゆる「面食い」とか、イケメン好きとか、「背が高い男性でなければ嫌だ」とか言い放つ外見至上主義の女性は、恋愛や結婚において失敗を繰り返しやすい。それは彼女たちの認知が狭いのを通り越して、歪んでいるからだ。AはAと認識できないからだ。

男性は、女性に関しては外見至上主義者が圧倒的に多いので、女性の選択は、ほぼ必ず確実に間違える。

ルッキズム蔓延《まんえん》の兆候はすでに顕著だ。今や男子高校生が母親といっしょに、女子高校生が父親と一緒に脱毛サロンに行く。今の50代前半ぐらいまでの男性だと、眉をカットして綺麗に整えることはあたりまえの習慣である。ひげを剃《そ》る時間がもったいないし、肌が常にピカピカであるということで顔の脱毛をする。閉経と加齢による男性ホルモンの増加のために顔の産毛《うぶげ》がひげ化したのを放置して、「お顔剃りサロン」に行けと夫や友人に命じられたことがある私には不思議な現象だ。

博報堂生活総合研究所が２０２２年11月に臨時ウェビナー「生活者30年変化」を開催した。ウェビナー（Webinar）は、ウェブ（Web）とセミナー（Seminar）を組み合わせた造語だ。ウェブセミナーやオンラインセミナーのことだ。そのウェビナーによると、今や、若い男性の外見に関する興味は、所有する自動車ではなく、似合う髪型ではなく、

「肌」である。韓国や中国やタイの「肌がきれい」な男性アイドルや俳優たちに憧れる男性が増えている。だから化粧品会社は、メンズコスメの開発にも余念がない。男性が堂々と化粧直しができる社会をめざすそうだ。

また、最近は男女ともに全身脱毛が珍しくない。「陰毛《いんもう》などボーボーでいいだろ。ボーボーの陰毛を見たら幻滅するような程度の気持ちの相手と親密になるなよ」と旧世代の私など思うが、この発言はセクハラととられかねないのが現状《げんじょう》だ。

将来、介護され排泄《はいせつ》の世話を受けるときに、陰部やお尻の毛がない方が介護士さんにとって便利で清潔だという理由で脱毛する人も多いらしい。老いれば、上でも下でも毛の量は減少するから心配ないと私は思うのだが、それよりも若いうちから先々は介護される気が満々というのも理解に苦しむ。寝たきりになる前に死ねるように必死で自分に負荷《ふか》をかけて生きるべきではないか。

とはいえ、顔や陰部や臀部《でんぶ》の脱毛をすれば、自分の外見を綺麗にすれば、そういう綺麗な身体になった自分に恥じないように心や生き方も綺麗であろうと努力するということも起きそうだ。綺麗になった男性ならば、唾や痰《たん》を道路に吐き出さないかもしれない。

道端で「立小便」などしないかもしれない。痴漢しないかもしれない。店員に横柄な態度を取らないかもしれない。セクハラパワハラモラハラなんてみっともないことはしないかもしれない。ベビーカーの赤ちゃん連れの女性に舌うちしないかもしれない。身体障がい者や妊婦《にんぷ》や高齢者に席を譲るかもしれない。無知無知した自分を恥じて勉強するかもしれない。だから、ルッキズムが人間の道徳的進化に貢献する可能性もないことはない。

とはいえ、美人や美男子でも「人相《にんそう》」が悪いとか、顔つきに軽薄さや冷酷さや意地悪さや嫉妬深さや傲慢さなどの人柄がむきだしになっている事例はいっぱいある。外見は良いが中身は空っぽの女性のことをアメリカ英語の俗語で bimbo と呼ぶが、外見は良いが頭が空っぽな男性は何と呼ぶようになるのだろうか。

ルッキズムと倫理が奇妙に手を結び、外見の美しさが道徳的指標だと思う人々が大多数になれば、人々は邪気に満ちていると自分が判断した他人の顔は見たくないから、見たくないものは見ないように、岡田が予測するように、「フルフェイスの装置で外界の風景は自分で選ぶ」ようになるのだろう。

また、美貌に恵まれない人々は、自分の顔そのものを他者に晒さないことを望み、それを可能にする手段を求める。だから、「自分が見せたくないものは他人に見せなくてすむように、フルフェイスの装置は自分の好む顔面を外界に見せる」ようになる。ついには、自分のアバターを作成して、生身の自分は見せなくなる。

ルッキズムが支配する世界では、人々は自分の外見メインテナンス作業に疲れる。そんな作業に貴重な時間を奪われたくない人々も、フルフェイスのマスクを装着するようになるだろう。私は、「老いても美しく」あろうと努力する気はないので、いずれは外出時には一時的にイスラム教徒になり、目の部分だけ見せるブルカ（アマゾンで販売している）を着用するつもりであったが、フルフェイスのマスクでもいい。

コロナウイルス危機が終わっても、マスクをかけ続ける女性は残ると私は思う。マスクは顔の下半分を隠す。小顔効果がある。目や眉は化粧で何とでもなるが、鼻の形、唇の形、顎《あご》の形は美容整形手術以外では何ともならない。顔面の美しさは顔の下半分で決まる。ならばマスクは安価で便利な欠点隠しになる。フルフェイスの軽く着け心地のいい新しいＡＩマスクができるまでは。

拙著『馬鹿ブス貧乏な私たちを待つろくでもない近未来を迎え撃つために書いたので読んでください。』（KKベストセラーズ、2020年）や『馬鹿ブス貧乏な私たちが生きる新世界無秩序の愛と性』（KKベストセラーズ、2022年）で、私は、未来の人類は半肉半霊状態や霊肉分離をめざすと思うと書いた。人類は身体性から自分を解放させるだろうとも書いた。それは身体が物質であるがゆえに起きる病気や経年劣化という不快さに、ひ弱になった人類が耐えられなくなっていくと思ったからだ。

しかし、岡田が予測したホワイト革命の一要素であるルッキズムこそが、自己の身体からの逃避を促進させるのかもしれない。心身ともに美しいことを求めるホワイトな心は、永遠の美しさの保持の不可能性に疲れ、醜さばかりでなく、美しさそのものからも逃避し、ついには自分の身体の物質性からも逃げるのかもしれない。ホワイトから透明になるわけだ。

2・6 優しく良い人たちの人畜牧場完成？

６番目の可能性は、人々のホワイト志向を利用して、自分たちに都合よく人々を誘導操作しようとする勢力の手口がより一層に巧妙になるということだ。権力者共同謀議論（陰謀論）と言うなかれ。公助で弱者救済するという大義名分のもとに税金だけ集め、税金の中抜きをして、天下り先を増やし、既得権益を保持することだけに熱心な類の、実質的仕事はしない官僚集団は存在するのではないか。

私は、１・８において、岡田斗司夫が予測した「ホワイト革命」は、すでにグローバル企業の経営法や金融システムに起きつつあることであり、混乱した無規範に見える現代の世界を持続可能にするために、国連や世界経済フォーラムなどの「人類ピラミッドの頂点にいる方々」が推進していることと、奇しくも一致すると書いた。

ひょっとしたら、「人類ピラミッドの頂点にいる方々」は、早くから、人類の増加と活動による地球環境の持続し難さを予測し、持続可能な地球と世界を作るために、人々の意識をホワイト化する方法を研究してきたのかもしれない。

それが「弱者救済」や「ユートピア構築」という大義に基づいた「人間にも環境にも優しい世界を作ろうよ」と唱えるＳＤＧｓや、「ニュー資本主義」の伝播《でんぱ》活動かもしれない。それらの伝播活動は、今や小学校から大学に至るまで「意識高い系良心的な教育者」たちの努力によって効果を表しつつある。

岡田が予測したホワイト革命は、「弱者救済」と「ユートピア構築」をめざしてきた人類の歴史の帰結だ。自然淘汰に逆らって弱者を救いユートピアを構築するために努力したら、結果として人口が増え、その人口を養うための環境破壊を繰り返し、「持続可能ではない危ない地球」を招いてしまった。それを軌道修正するためのＳＤＧｓであり、ニュー資本主義かもしれない。

優しく善意なホワイトな人々で地球を満たし、その人々に牧畜が必要な肉食は環境破壊を招くので、肉の代わりに大豆を原料とした人造肉や、虫食するよう教え、ヴィーガンやヴェジタリアンを増やす。肉食を不道徳な行為として退けるプロパガンダを進める。「権力者たちは人民の知らないところで人民には不利益な何かを企み実行している」といった権力者共同謀議論など単なる都市伝説であり、為政者を信じない姿勢は政治的混乱を招く悪だと信じる優しく善意なホワイトな人々を育成し、素晴らしき新世界（New World Order）を作る。ベンジャミン・フルフォードによると、今では「ルール・ベイスド・ワールド・オーダー」（rule-based world order）と呼ぶそうであるが（副島隆彦&ベンジャミン・フルフォード『世界人類を支配する悪魔の正体』秀和システム、２０２３、87頁）。ホワイト革命は、そのような世界を作るために必要な人間改造プロジェクトであるのかもしれない。

2・7　現実逃避も魔女狩りもバックラッシュも身体性からの逃避もあるし権力者共同謀議もあるが、人間革命は起きない

７番目の可能性は、今まで指摘してきた６つの可能性の全てが同時に現実化することだ。人間も世界も多様だ。同時代に生きていても、人間はそれぞれに違う。同じ「ホワイト社会」に生きていても、その社会に対する反応や対処もそれぞれ違う。

ただ、私は人間革命だけは起きる可能性が低いと思う。魔女狩りも起きる。現実から遊離して社会が停滞する可能性も高い。ホワイトであることに反発し悪意を爆発させる人々も登場する。ホワイト革命によって育てられた「優しくて良い人」たちが、管理監視が容易な羊の群れのような人畜牧場の完成に利用されることもありうる。しかし、人間存在が進化するような人間革命は起きないと、私は思う。

私だって、人間革命としてのホワイト革命とまでいかなくても、社会全体が倫理的になってもらいたいと思う。正義は実現して欲しいと思う。勧善懲悪《かんぜんちょうあく》が為されて欲しいと思う。しかし、おそらくそれは難しい。

世界は、ホワイトもブラックもグレーもブラウンもピンクもブルーもレッドもグリーンもある混沌としたものだ。ホワイトになるはずがない。人間存在もそう簡単にホワイトになるはずがないと思う。なぜそう思うかと言えば、私はニーチェと人間観を共有しているからだ。

人間は、生きている間にいろいろ経験し、いろいろな人に出会い、自分の人間観を形成する。その人間観に基づいて、多くの人間によって形成される世界に対する考え方

（世界観）を形成する。しかし、自分が持った人間観や世界観は、薄らぼんやりとしたものでしかない。それらを言語化するには、誰か他者の言葉が必要だ。自分が明確には意識していなかったことが、他者の言葉に触発され、あらためて意識され、やっと自分の言葉で自分の人間観や世界観を把握する。

その「他者」というのが、私にとってはニーチェだった。私は、来るべきホワイト革命がもたらす超偽善社会をあなたが生きて行くのに、ニーチェの思想を知っておくといいと思う。ニーチェの思想は、あなたが、超偽善社会で生きて行くことに痛みや孤独を感じるときに、その痛みや孤独を耐えやすくしてくれると思う。

第3章では、私を触発したニーチェの言葉を、ニーチェの著書に言及しながら、私なりに整理してみる。やっとニーチェです。お待たせしました。お待たせし過ぎたかもしれません。

第3章

ニーチェかく語りき

3・1 「人とは恐ろしいモノだ」と覚悟しておく

来るべき超偽善社会に備えてニーチェの思想を知っておくという本書の本題に入る前に、またちょっと寄り道する。

私は、『東京大学物語』や『日露戦争物語』などで知られている漫画家の江川達也《えがわたつや》のFacebookのアカウントのフォローをしている。江川が名古屋出身なので勝手に親近感を抱いている。江川の投稿はいつも面白い。その江川が、2022年の暮れに、ある殺人事件に関連して、次の文を公開投稿していた。

【たとえ裁判で勝っても殺しに来る人は、殺しに来る。】

法律は人の命を守ってはくれない。むしろ裁判で決着がついたりすると怨嗟《えんさ》を買い殺される危険が上がったりする。

人とは恐ろしいモノだ。相手に尽くして功績を上げればあげるほど、殺される危険が増す。

というのは、鎌倉幕府の源頼朝やその妻北条政子の実家の北条家の所業《しょぎょう》を見れば昔からだと言うのがわかる。

人に親切にすると逆恨《さかうら》みされて財産や命が危険になるのは、世の常である。

こういう世知辛《せちがら》い世の中で逆恨みや暴虐《ぼうぎゃく》な行為をされない為にはどうするか？は重要な処世術だろう。

大事なのは、アホでダメで苦しい事を常に宣伝して皆にクズ呼ばわりされる事だろう。マウントなんかとったら命の危険が増す。有能なところを見せたら命がいくつあっても足りない。

昔、有能な武将が、鼻毛を伸ばして一生懸命馬鹿なキャラクターになってた話もある。

トラブルが起きたら、さっさと逃げて損をする覚悟が必要だ。

持ってるマンションは、トラブったら、さっさと安く売って大損して、怨嗟を買わないようにした方が良い。

勘違いして、どこまでもしつこく金を要求する人には、どこまでも逃げて、逃げながら損しながらたまに攻撃するしかない。引いたり押したり基本は逃げて間合《まあ》いをずっと取り続けるしかない。

自分は偉いと思い込んでる人ばかりだ。その勘違いを糾《ただ》す行為は危険が大き過ぎる。そのために代理人や仲介業者が存在する。

正妻に怨嗟が向かないように沢山の側室が必要となる。ルイ16世は、錠前《じょうまえ》造りに没《ぼっ》頭《とう》してないで、真面目に沢山の女とセックスしていれば夫婦で怨嗟を受けないで家族もろとも殺されなかったかもしれない。（側室に怨嗟が行く事で正室の立場を守るシステム）

笑われる部分も持つべきだよ。と学校の先生は教えなくてはいけない。

特に優等生にはしっかり、欲望の自己コントロールの方法を伝授した方が良いだろう。まずは、みんなの前で馬鹿にされる恥ずかしい行為をして胆力《たんりょく》を鍛えるのだ！と…

きっと今の教育界だと、そういう生きるために大事な事を教える先生は迫害を受けるだろうなぁ。昼行燈《ひるあんどん》教育は大事なのにな。能ある鷹《たか》は爪を隠す。って言葉ではわかってるけど、生活の中で実際訓練はしてないから、なかなかやれてないね。

この江川の投稿は、借りている部屋の家賃を5年間も滞納《たいのう》して、とうとう部屋の所有者に訴えられ敗訴したことを逆恨《さかうら》みした無職の男が、部屋の所有者の男性の自宅に突撃して、玄関に出てきた所有者をいきなりめった刺しに虐殺した事件に関連して書かれたものだ（https://news.yahoo.co.jp/articles/3e945a55ec92bc7b0960680165a4ee06f80ad3?fbclid=IwAR0Rhfe1YYR_wTdU-rB4GO_kDVmk8nHMnFYDR-EYIYvfZnUF8kXK0Ouk_HU）。

「人とは恐ろしいモノだ。相手に尽くして功績を上げればあげるほど、殺される危険が増す」とか、「人に親切にすると逆恨みされて財産や命が危険になるのは、世の常である」と書かれた江川の言葉は、ニーチェの『ツァラトゥストラかく語りき』の中の言葉「大きな親切を行っても、感謝は受けとれない。どころか、相手に復讐心《ふくしゅうしん》を芽生えさせる。また小さな思いやりを受けたことがわすれられないなら、それは呵責《かしゃく》の虫となる」（佐々木中訳、149頁）を思い出させた。

まさか殺す、殺されるなどという状況に陥ったことはないが、人間は自分に親切にしてくれる人間に対して迷惑をかけがちだということは、私自身も体験している。教師はそういう経験をするはめになることが多い職業だ。また、私自身が、自分に親切にしてくれた人に甘えて迷惑をかけてしまったこともある。

皮肉なもので、人間関係というものは、深くなればなるほど、親切にする側、愛情深い側に負担がかかる。親切にされた人間は、そのことに恩義を感じて二度と迷惑はかけまいと考えることはなく、際限なく甘える。もしくは、恩義を受けたことを重荷に感じて恩義を与えた者を傷つける。自分のプライドを守るために。だから、優しく愛情深い親切な人間ほど、人間関係では酷《ひど》い目にあう。愛情深い親ほど、子どもに延々と寄生される。愛情深い子どもほど、わがままな親の介護に貴重な人生の時間をいっぱい奪われる。

真面目で勤勉な国民ほど、税金を収奪され、為政者に軽んじられる。有能な人間ほど仕事を任され、過労死寸前まで働かされる。あるいは過労死する。この部下は有能で誠実だから仕事量が多いが、それでは不公平で可哀想だから、狡猾《こうかつ》で怠惰で無能な部下にもっと仕事をやらせようとする上司はいない。狡猾で怠惰で無能な部下に任せたら、必ず問題が生じ、その責任を取るはめになるのは自分だから。

これが社会の実相なので、「こういう世知辛い世の中で逆恨みや暴虐な行為をされない為にはどうするか？は重要な処世術だろう。大事なのは、アホでダメで苦しい事を常に宣伝して皆にクズ呼ばわりされる事だろう」という江川の言葉には説得力がある。

うっかり頭がいいことや有能であることを見せつけて嫉妬を買うと、どこで足をすくわれるかわからないので、見下されるぐらいで丁度いい。世渡りに大事なことのひとつは、無駄に他人の悪意を刺激しないことだから。それくらいに他人の悪意というものは、どこで噴き出すかわからない。ましてや、虚栄心から実力もないのに有能ぶったりすることは、意味なく他人に注目されるので危険だ。他人から見下されないように見栄を張《は》るなど、実に馬鹿馬鹿しいことだ。

私が『馬鹿ブス貧乏で生きるしかないあなたに愛をこめて書いたので読んでください。』を書いたのは、馬鹿ブス貧乏で生きて行くのは大変ではあっても、それはそれなりの強みがあるから大丈夫だと思ったからだ。よくよく自分の人生を振り返ると、馬鹿でブスで貧乏なことが身を助けることも多かったからだ。いや、ほんと。

たとえば、ブスで低身長でスタイルも悪いから男につきまとわれることはなかった。結婚相手の候補者が多すぎて選ぶのに困るということはなかった。チヤホヤされる青春期などなかったので地に足をつけて歩いてこれた。馬鹿だから、できることは限られているので、人生の選択肢が少なくて悩まずにすんだ。努力してあたりまえだと思って生きてこれた。馬鹿だから失敗するに決まっているので、よく考えて行動した（それでも失敗したけれど）。馬鹿だと無視されたり蔑《さげす》まれはしても、嫉妬されたり敵視されたりはしないので、深刻な人間関係の対立は抱えずに済んだ。貧乏だから食べていくためには働くしかないので、しかたなく働き続けることができた。

美人で頭脳明晰で超富裕層に生まれたかったけれど、それはそれで危険なこともあると、私がわかるようになったのは50歳過ぎたあたりからだ。だから、「大事なのは、アホでダメで苦しい事を常に宣伝して皆にクズ呼ばわりされる事だろう。マウントなんかとったら命の危険が増す。有能なところを見せたら命がいくつあっても足りない」という江川の言葉の意味が理解できる。

昔の王侯貴族や大名たちが多くの側室を侍《はべ》らせたことは、現代人からすれば不道徳な行為に思えるが、そうやって側室どうしでガチャガチャ小競《こぜ》り合いをさせておくことによって、最も大切な正妻に向かう悪意を逸らしたのだという江川の指摘も説得力がある。ルイ16世が愛人をいっぱい侍らせてバカ殿やっていたら、妻のマリー・アントワネットのほうは悪目立《わるめだ》ちせずに、かえって同情されて、フランス革命も生き延びたかもしれないという意味の指摘も面白い。

江川は、人間存在の救いがたさをよくわかっている。こういう人間存在の救いがたさというものを、学校教育は教えない。学校というのは、人間の可能性や善意を教えはしても、ホワイトであれとは教えても、自分をダメ人間と偽装して、ブラックな人々に人生を邪魔されないようにするというような高度な処世術の使いこなし方は教えない。

2・1において、私は、岡田の「ぼく自身が壊したいと思っているのは、人間には本音があるという幻想なんです。これを打破したい。本音なんていらねえじゃんと」という言葉を引用した。岡田は、道徳的に生きる人間の心の奥底には、不道徳に生きたいという本音があるという考えは幻想だから、ややこしいことは思わずに堂々と道徳的に生きればいいと示唆していた。

その岡田に呼応して、内田樹は、「死ぬまで、ありとあらゆる場面で偽善を貫いたら、その人は善人でしょ。人間は偽善を通じてでしか善に到達できない」と言っていた。

私は、この岡田と内田の言葉を読んで、そういうこともありえるなと感心しつつ、こういうことが言えるのは、能力があるからだなと思った。岡田も内田も、本音を出さず善い人に徹しつつも、油断怠りなく他人を観察し注意深く行動し、かつ周囲の人々に適切に貢献するだけの能力があるのだろう。たまたま、あまりに程度の低い人々とは関わらないですむ環境にいることもできたのだろう。本音など要らないとか、人間は偽善を通じて善に到達するとか、そういうことを言えるのは、「人とは怖いモノだ」と身に沁みて思わずにすんだだけの運の良さがあったのだろう。

さらに、私は、同じく2・1において、『僕たちは就職しなくてもいいのかもしれない』において、岡田が、ニートで引きこもりでも「愛されニート」として生きて行けると言っていることにも言及した。いい人であることがペイ（pay）するから、いい人でいよ

う と薦める岡田の著書の『超情報化社会におけるサバイバル術「いいひと」戦略』についても言及した。

この岡田の「いい人でいれば食べて行ける」論は、読むと気分はいい。そういうこともあると私も思う。しかし、若くて、かつ平凡な人は、岡田の言葉を鵜呑みにしないほうがいい。就職はしなくても自分を食わせることができるような「金銭や食料や物と交換できるようなスキル」は、真剣に常に習得しておくべきだと思う。

たとえ、ベイシック・インカムが給付されるようになって、働かなくても死にはしない程度の生活はできるようになったとしても、国の財政状況によっては、いつでも給付額は減額される。ベイシック・インカムを国民に保障できる国というもの自体が消滅する可能性もある。

確かに、岡田の言うように、「いい人」でいること、少なくとも「いい人に見せること」は、サバイバルにおいて重要なことだ。他人の敵意や悪意を誘発するようなことは避けるほうがいいに決まっている。「いい人」でいることは、他人の善意や親切を得やすく、仕事を得る可能性も高くなる。それはほんとうだ。

しかし、それはあくまでも、その他人の状況や都合《つごう》次第だ。いくら善意のホワイトな人でも、その善意を発揮できなくなる境遇になり、「愛されニート」を飼っておく余裕がなくなるかもしれない。他人の善意や親切に依存して生きることほど潜在的に危険なことはない。この他人には政府とか行政も含まれる。

同時に、他人の善意に依存する生き方をしている自分自身を、人間は葛藤なく鬱屈《うっくつ》なく受容できるのか、という問題もある。他人の善意に依拠して生きているのだから、他人に感謝し、もっといい人でいようと思えるほど、人間というのは素直で謙虚であろうか。そういう人間もいるだろうが、そうでない人間もいるだろう。恩義を仇で返すくらいに「人とは怖ろしいモノ」だから。

人間の内部には悪魔的なものがあるということは、多くの先人たちが指摘してきたことだ。悪魔的と称するには矮小ではあるが小鬼のようなものが人間には充満しているものであるなあと、私自身の人間観察や、私自身の自己省察からも、思う。そういう人間存在のどうしようもなさについて、私に初めて、そこそこ納得できる説を提示してくれたのは、ニーチェの『悲劇の誕生』だった。

3・2　ディオニュソスなくしてアポロは立ち上がらず、アポロなくしてディオニュソスは目覚めない

『悲劇の誕生』は、ニーチェの処女作であり、ニーチェが27歳の1872年に出版されている。「音楽の精神からの悲劇の誕生」が正式題名である。1886年版の題名は、『悲劇の誕生、あるいはギリシア精神とペシミズム』になっている。

このセクションでは、『悲劇の誕生』の私なりの要約を掲載しておく。ニーチェ研究者からすれば、言語道断の冒瀆《ぼうとく》的なほどに雑で、かつ誤読的要約かもしれないが、『悲劇の誕生』の面白さを伝えるには、この方法がいいと私は思う。

ギリシア悲劇とは、アポロ精神とディオニュソス精神が拮抗《きっこう》するさまを描いたものである。アポロ的なるものとは、「光、美、形象化、固体化、秩序化、英知的、理性的、造形芸術（彫刻・絵画・詩）、節度、コスモス」だ。

アポロというのは、ギリシア神話に登場する神々のひとりだ。主神ゼウスの息子

で、狩猟の女神のアルテミスの双子の弟だ。牧畜と予言の神であり、竪琴《たてごと》の名手で音楽や文芸芸術の神だ。光明神でもあり、ローマ神話では太陽神で、あらゆる知的文化活動の守護神だ。医術の神でもある。総じて、理性を司《つかさど》る神だ。例えれば、非の打ちどころがない聡明さを持った、誰もがそうありたいと憧《あこが》れるような人格も高潔な美青年だ。アポロは個人として完結している。

ディオニュソス的なるものとは「陶酔、没我、没入、闇、恐怖、狂騒、情動、音楽、過剰、カオス」だ。ディオニュソスはバッカスとも呼ばれる。ギリシア神話の酒と豊穣の神だ。ブドウの栽培を人間に教えた神だ。トラキアやマケドニアでは集団的狂乱と陶酔を伴う秘儀における神であったが、ギリシアに伝播して、女性の間で熱狂的な崇拝を受けた。冥界(死の世界)とのつながりを持っている。例えれば、何をしでかすかわからない悪の匂いを発散する不良だ。アナーキーで野生的で残忍でセクシーで得体が知れなくて、だからこそ魅力的で、近づくと危ないと思いつつも惹きつけられてしまう危ない奴だ。多くの人々の心をひとつにしてしまうような理屈を超えたパワーがある。

人間の精神は、このアポロとディオニュソスの相克でできているので、人間の生はどうしても悲劇的なものにならざるをえない。

古代ギリシア以前の時代にディオニュソス的祝祭は盛んではあったが、それはギリシア人にとっては性的興奮の表出であった。だから、ギリシア人はディオニュソス的なものを拒否した。カオスや興奮や没我は危険だから。そうして、アポロ的なるものに重きを置いた。それは合理的で賢い選択だ。

しかし、ギリシア人は気づく。アポロ的なるもので覆《おお》い隠してはいるが、自分たちの心の奥底にはディオニュソス的世界がうごめいていると。いくらアポロ的であろうとしても、どうしてもディオニュソス的なるものが目覚めてくると。しかし、そのディオニュソス的なるものはアポロ的なるものによって意識化、言語化、分節化されると。

ギリシア人は、ディオニュソス精神を内面化している自分自身を自覚したので、それで、ギリシア人は、アポロ的なるものとディオニュソス的なるものが相克する相を「悲劇」という公共的で実験的な祝祭へと作り上げた。

古代ギリシアには三大悲劇作家がいて、アイスキュロスとソフォクレス（ソポクレスと表記する場合もある）とエウリピデスだが、ニーチェが認めるのは、ソフォクレスとアイスキュロスだ。

ここでは、ソフォクレスの『オイディプス王』を例に挙げる。オイディプスは、コリントスの王の息子であったが、自分の両親を殺すであろうという神託を受けていたので、国から出て旅を続けていた。オイディプスはテーバイの国で、夫であった王を失くした美しい王妃と出会い、結婚した。子どももできた。

しかし、オイディプスがテーバイの王になって以来、どういうわけか不作と疫病《えきびょう》が続いた。その理由を神託に求めたら、テーバイの前の王で、オイディプスの妻の前夫ラーイオスを殺害した男を捕まえて、テーバイから追放すれば、不作と疫病は治まり、平和が戻るとのお告げを得た。

そこでオイディプス王は、ラーイオス殺害者を捕まえよと国中に伝えた。テーバイに住む高名な盲目の予言者にラーイオスの殺害者を尋ねた。予言者は真実を言うことをためらったが、とうとう不作と疫病の原因はオイディプス王にあると言った。

オイディプス王の激怒《げきど》を鎮《しず》めるために、部下は予言など当たらないと言い、当たらなかった予言の事例を話す。かつて、前王ラーイオスと、今はオイディプスの妻となっているイオカステーの間に産まれた息子が、父のラーイオスを殺すという神託を受けたが、前王ラーイオスを殺害したのは、息子ではなく、どこかの外国人だったと。

この話を聞いたオイディプス王は内心驚く。彼は、ポーキスの三叉路《さんさろ》で、見知らぬ男と争い、その男を殺してしまったことがあったから。しかし、オイディプス王は自分が殺害した男が、まさかラーイオスだったということはないだろうと思う。だから、ラーイオス殺害者と、ラーイオスの従者だったことがあり、ラーイオスの殺害者の顔を知っている男を家来たちに捜索《そうさく》させた。

そんなとき、オイディプス王のもとに故郷のコリントスから使者が訪れた。コリントス王ポリュボスが死んだので、コリントス王の座を継ぐために、オイディプス王にコリントスへの帰国を促すためであった。しかし、自分の両親を殺すであろうという神託を受けたからこそ、コリントスを去ったオイディプス王は、母を殺してしまうかもしれないと恐れ、帰国を断った。使者はオイディプス王に、コリントスの王と王妃はあなたの実の父母ではなく、あなたはキタイローンの山中に捨てられていた赤ん坊であり、コリントス王夫妻が拾い育てたのだと告げた。オイディプス王は、それを知っていたならば、コリントスを去ることはなかったのにと残念に思う。

まもなく、前王ラーイオスの従者で前王を殺害した男を目撃した男が発見された。オイディプスのもとに連れて来られた彼は、すべてを話した。テーバイの王夫妻の息子は、神託で父を殺害し母と結婚することになると予言されたので、王夫妻は息子をキタイローンの山中に捨てた。その捨て子がコリントス王夫妻に拾われ育てられ、成長して前王ラーイオスを実の父と知らずに殺害し、テーバイに来て実の母と知らずにイオカステーと結婚したのだと。

立ち聞きしていたオイディプスの妻（母）イオカステーは、ショックの末に自室で首をつって自殺した。自分は夫を殺した男と結婚し、その男は自分の息子であり、その男（息子）の子どもたちを産んだのだから。オイディプス王は驚愕《きょうがく》と悲嘆のすえに狂乱し、妻（母）のイオカステーのつけていたブローチで目を刺し盲目となった。もし目が見えていたなら、死後にどのような顔で父と母に会えばいいのかと思ったからだ。その後、オイディプス王は乞食となり、娘と共に諸国をさすらい続けた。

オイディプス王はアポロ的な優等生的生き方から逸脱してしまった。ディオニュソス的な欲望に突き動かされ、怒りにまかせて見知らぬ男（父）を殺害した。美しい未亡人の王妃の魅力に惹かれ、彼女を実の母と知らずに妻にした。知らなかったとはいえ、父殺しと母との近親相姦の罪を犯し、その穢《けが》れにより神の怒りを買い、国を荒廃させてしまった。彼は、その罪を背負って無一文となって放浪する。

オイディプス王はアポロ的生き方をしていたのに、ディオニュソス的なるものに動かされ、結局は罪を犯した。彼は運命に翻弄されながらも懸命な生き方を模索した。しかし、その結果として、父を殺し母を自殺させ国を疲弊させた。その結果を彼は引き受け、盲目となり乞食となった。オイディプスは自分の運命から逃げなかった。彼の姿には、「超地上的な明朗さ」（秋山英夫訳、２０２２、１０８頁）がある。彼の人生の悲惨さは「無限の浄化」（同）に達している。いかに努力しようと、知恵を尽くそうと、人生は過酷な結果を招いてしまうかもしれない。それでも、そのような自分の生を引き受け生き切ることに尊厳があるし、真の高貴さがある。

『オイディプス王』の作者ソフォクレスは、主人公の罪を肯定し、それによって引き起こされた苦悩を肯定する。苦悩を含む生と世界を肯定することによって、アポロ的なものとディオニュソス的なものを和解させた。これこそ、「ギリシア悲劇」の誕生だった。

古代ギリシアの観客たちは、その悲劇を理解し、受け容れ、苦しむ主人公たちに自分の人生の苦しみと同時に人間存在の苦しみと、苦しむことができる人間の栄光を見た。

ギリシア悲劇は、ギリシア人の精神の健康さと強靱さから生まれた。ギリシア民族の青春と若さから生まれた。「ペシミズムや悲劇的神話、生存の根底にあるすべての怖しいもの・邪悪なもの・謎めいたもの・破壊的なもの・不吉なものの姿かたちに対して、古代ギリシア人ははげしい好意をよせているが、それはなぜかということ、――つまり、悲劇はどこから発生せざるをえなかったのか？　ひょっとしたら、悲劇は快感から生まれたのではないか？　力から、みちあふれるような健康から、ありあまる充実から発生したのではなかったか？」（17頁）

しかし、アポロ的なものとディオニュソス的なものが拮抗《きっこう》しつつ和解しているギリシア悲劇は衰退してしまった。それは、エウリピデスが美的ソクラテス主義を導入したからだ。ソクラテスによってギリシア悲劇はどう変わったか？

美的ソクラテス主義の最高原則は、「美であるためには、すべてが理知的でなくてはならない」（141頁）である。ソクラテスは、理論的楽天主義者の原像である。理論的楽天主義者とは、事物の本性を究明できるという信念がある。つまり、正しい思考を積み重ねて行けば、最後には真理にたどり着くという信念である。

ソクラテスに影響を受けたエウリピデスの劇では、信頼できる人物または神が劇のプロローグにおいて、その劇がたどる経過を聴衆に伝える。劇の結末部で神が登場して、主人公たちがどのような未来に向かうかを保証する。エウリピデスの劇においては、不条理が主人公を苦悩させることはない。一切はソクラテスの弁証法のように、人間の意志や苦悩する心とは無関係に、つつがなく展開する。「『勧善懲悪』

という平板で厚顔な原理に堕落してしまう」（158頁）からだ。

つまり、ソクラテスの主知主義に影響を受けた悲劇は、悲劇と呼ぶには矮小になってしまった。主人公たちは、自分の心を引き裂くアポロ的なるものとディオニュソス的なものに激しく苦悩するようなタフさがない。苦悩できるだけの能力がない。苦悩できるだけの人間としての大きさがない。知的に考察すれば正解を導くことができると信じているほどに小賢《こざか》しい。そんな計算や思慮を吹き飛ばすようなことが人間の人生には起きるし、人間とは理知に飼いならされるほどに柔《やわ》な存在ではないという洞察もないという意味で、人生と人間を舐めている。

現代の文化自体がソクラテス的な楽天主義のもとにある。その楽天主義を象徴しているのが近代科学である。近代科学の楽天主義は、空間や時間の法則が例外なく当てはまり、それによって世界の一切《いっさい》を認識できるという信念に支えられている。しかし、事物は現象として認識されるが、認識一般はそれ自体制約され制限されている。このことを見ない近代科学は、いわゆる「実在」を想定し把握しようとするが、限界に突き当たる。実在って何だ？

ソクラテスの理論的楽天主義を源とする科学の楽天主義が挫折するとき、「新しい形式の認識、悲劇的認識が踊り出てくる。これは、その恐ろしさに耐えぬくためだけにも、まして身を守り、その傷をいやすためには、どうしても芸術を必要とする認識なのだ」（169-170頁）。

その芸術こそが、ヴァーグナーの音楽である。「音楽と悲劇的神話は同じように一民族のディオニュソス的能力の表現であって、たがいに切り離すことはできない。両者はともに、アポロ的なものの彼方《かなた》にある芸術領域から由来している。両者はともに、その快感の和音のうちに不協和音も恐怖の世界像も魅惑的に消え去ってゆくような一つの領域を浄化する」（262頁）。

人間の存在の基礎たるディオニュソス的なるものは、アポロ的浄化の力を通過してこそ、我々の意識にのぼる。ディオニュソス的なるものと、アポロ的なるもののふたつの芸術衝動は、相互に厳密な釣合《つりあい》を保ちつつ、それぞれの力を展開させる。そのせめぎあいの美は芸術という形式でしか伝わらない。（要約おわり）

わかったような、わからないような要約になったが、要するに、ニーチェは、『悲劇の誕生』において、人間存在は情動や闇を抱えていない人間はいないのだし、それを抑圧することは無理ですよ、と言っているのだ。それが現実であり、つじつまを合わせるとか、論理的整合性を持たせるとか、組織化するとか、そういう思考は、現実の複雑さをそのまま受け止めることができない精神の矮小《わいしょう》さと臆病さの表れなのだと言っている。アポロ的なるものに何でも閉じ込めるのが、ソクラテス的知性であり理性であり、認識であり、ひいては学問というものなのだと示唆している。

現代という時代が退屈でつまらないのも無理はない。アポロ的なるもので満たされているから。ディオニュソス的なるものについては見て見ぬふりをしているから。そして近未来には、「ホワイト革命」というアポロ的なるものをもっと矮小化した精神によって小ぎれいな箱庭化した超偽善社会が到来する。

ところで、ニーチェが称賛したヴァーグナーの楽曲って聴いたことありますか？　全部演奏するのに4晩もかかるという『ニーベルングの指環《ゆびわ》』はさておいて、「ワルキューレ」のさわりの部分でも。

私は、この『悲劇の誕生』を四苦八苦して読み通し、ニーチェが賛美したヴァーグナーの音楽も聴いてみた。わかったことは、あの種の音楽は、日本の庶民が住むような3LDKの集合住宅の居間で聴いてもしかたないということだった。あれは、ハリウッド映画の『アイアンマン』の主人公である最新兵器産業のCEOが住む、太平洋の荒波が見渡せる崖の上に建設された超広壮な邸宅の、300人くらい収容できる体育館のように広い居間で聴くのがふさわしい音楽だ。そのヴァーグナーの音楽のどこが、ディオニュソス的なるものとアポロ的なるものの相克を表現し、どこがディオニュソス的なるものの根から立ち上がるアポロ的なるものなのかは、不明だった。やはり、極東の離れ小島の黄色い土人《どじん》（副島隆彦のことば）にはヴァーグナーは向いていないのかもしれない。

ニーチェとヴァーグナーの関係については、副島隆彦の『ニーチェに学ぶ「奴隷をやめて反逆せよ！」まず知識・思想から』（成甲書房、2017）に詳しいので、ご興味のある方は読んでみてください。ニーチェがヴァーグナーに憧れるあまりに、ニーチェとヴァーグナーは同性愛関係にあったと書かれている。面白いです。

3・3 悲劇上等！

私は、『悲劇の誕生』を読んで、どうして、ウイリアム・シェークスピア（1564-1616）の作品群のうち「悲劇」と呼ばれる劇作品を読んでも「これ悲劇なのかなあ？」と疑問に思ったことの理由が、やっとわかった。

周知のように、『リア王』と『マクベス』と『オセロ』と『ハムレット』と『ロミオとジュリエット』は、シェークスピアの五大悲劇と呼ばれる。『ロミオとジュリエット』を省いて、四大悲劇と呼ばれることもある。英米文学専攻の大学院生だった頃に、私はシェークスピアの戯曲のテキストを読まされた。五大悲劇も読まされた。16世紀の頃の英語の韻文を読むのは難儀だった。しかし、内容について、どこが悲劇かわからなかった（これらの作品は誰でも知っている古典であり、ほとんど普通名詞化しているので、いちいち翻訳などにも言及しない）。

『リア王』は、簡単に言うと、邪悪な長女と次女の甘言《かんげん》に騙され、正直で誠実な三女を追い出してしまった老いたリア王が、長女と次女に城を追われ、最後の希望であった三女にも死なれてしまうという話だ。これは悲劇だろうか？　性悪《しょうわる》娘たちに騙されて城を明け渡すなど、王になったくらいの男性としては他愛がなさすぎる。これは自業自得ではないだろうか？　単に主人公が不用心で危機管理意識が希薄だっただけのことだ。

『マクベス』は、主人公の将軍が、野心的で強欲な妻にそそのかされて、自分の城で就寝中の王を暗殺して国王の地位を手にしたが、妻は狂ってしまうし、自分も不安定となり、暴政を敷いてしまったために、亡き王の子どもや貴族たちに攻撃され死ぬ話だ。これのどこが悲劇だろうか？　本気で王位を剝奪《はくだつ》して、王国の支配者となるつもりの人間としては、計画性とヴィジョンがなさすぎる。

『ハムレット』は、王であった父親が叔父に暗殺され、それを知らない母親が叔父の妻になったことに、ウジウジと悩み続け、亡き王の亡霊に苦しめられ、最後に復讐を果たしたが、自分も死ぬという王子様の話だ。このハムレットという王子様は、いったい何がしたいのか、よくわからない。復讐したいならサッサと叔父を暗殺すればいいものを、母親や婚約者に八つ当たりしたりしている。なにひとつ私にとっては共感できない王子様だった。

『オセロ』の主人公のオセロはムーア人だ。北アフリカのイスラム教徒（アラブ人という説もある）でありながらも、白人世界のヴェニスの宮廷で認められていた。人格高潔で勇敢で頭脳明晰な軍人であったから。オセロには、駆け落ちまでして得た美しい妻のデズデモーナがいた。一方、イアーゴーは、高潔で評判の良いオセロが妬《ねた》ましいし、同輩のキャシオーの昇進も妬ましい。オセロとキャシオーふたりを始末できる策をめぐらす。彼は、オセロがデズデモーナに贈った（当時は贅沢品であった）ハンカチを盗み、キャシオーの部屋に置く。そのハンカチをキャシオーの部屋で見たオセロは嫉妬に激しく苦しみ、イアーゴーにキャシオーを殺すように命じ、自分は愛する妻のデズデモーナを殺害してしまう。イアーゴーは、自分の悪事を告白した妻のエミリアを刺し殺して逃げたが、逮捕される。オセロは自殺をする。

『オセロ』は、四大悲劇の中でも最も悲劇っぽい。ヴェニスの宮廷に潜在的にある人種差別と愛する妻の裏切りに衝撃を受け、嫉妬に苦しむあまりにすべてを失い自殺するのだから。しかし、イアーゴーのような人間の邪悪さに気がつかないのは、オセロに人間知が足りないからだ。軍人としての戦闘能力には優れていても、人間の心の奥底への想像力が足りないからだ。

『ロミオとジュリエット』は、性交を知ったばかりの10代の若い恋人たちの迷走を描いたのであり、悲劇でも何でもない。

ロバート・ベクトルド・ヘイルマン（Robert Bechtold Heilman １９０６-２００４）というアメリカの研究者の『悲劇とメロドラマ』（*Tragedy and Melodorama*, 1968　未邦訳）という本によると、一般的に「悲劇」と呼ぶようなものは、だいたいが「災難劇」か「勧善懲悪劇」か「復讐劇」であり、メロドラマと呼ばれるジャンルに属するものらしい。

たとえば、19歳女子がアルバイトから帰る時間の寂しい夜道で性犯罪者に襲われて殺害される。これは「災難劇」(drama of disaster)。

19歳女子が、アルバイトから帰る時間の寂しい夜道で性犯罪者に襲われ倒れた時に、たまたま傍らに転がっていたブロックで性犯罪者に反撃する。恐怖のあまり我を忘れて反撃する。気がついたら、彼女を襲った性犯罪者がブロックで頭と顔を潰されて死んでいた。彼女は正当防衛を主張する。しかし、加害者の人権ばかり考える類の検察官と裁判官は彼女の正当防衛を認めない。彼女は実刑判決を受ける。彼女の家族はマスコミの取材攻撃にあい、それを苦にした母親は自殺して、彼女の家族は一家離散してしまう。彼女もまた実刑判決を受けた日に拘置所の中で自殺してしまう。これも「災難劇」。

19歳女子がアルバイトから帰る時間の寂しい夜道で性犯罪者に襲われ倒れた時に、たまたま傍らに転がっていたブロックで性犯罪者に反撃する。恐怖のあまり我を忘れて反撃する。気がついたら、彼女を襲った性犯罪者がブロックで頭と顔を潰されて死んでいた。彼女は正当防衛を主張する。しかし、加害者の人権ばかり考える類の検察官と裁判官は彼女の正当防衛を認めない。彼女は実刑判決を受ける。彼女の家族はマスコミの取材攻撃にあい、それを苦にした母親は自殺して、彼女の家族は一家離散してしまう。ここまでは前の事例と同じ。彼女は、こんなことが通用する世界は間違っている、私が今ここで戦わなかったら正義が負けることになる、自殺した母親も浮かばれないと思い、控訴する。彼女を支援する人々も結集し始める。彼女が新たに依頼した弁護士の尽力もあり、彼女は二審で、ようやく正当防衛が認められ、無罪となる。しかし、亡くなった母親は帰ってこない。彼女が喪失したものは大きかった。しかし、正義は遂行された。

これは「勧善懲悪劇」(poetic justice)。

19歳女子はアルバイトから帰る時間の寂しい夜道で性犯罪者に襲われて殺害はされなかったものの重傷を負う。犯人は逮捕されたものの、警察による事情聴取は被害者の彼女に対して無神経で配慮がなかった。犯人の近親者に上級国民でもいるのか、犯人はなぜか不起訴になった。検察官は夜道を女性がひとりで歩いていたことが悪かったことを指摘した。彼女は長い間、トラウマに悩み外出もできなくなる。しかし、20年後にやっと回復した彼女は、犯人の居場所を探り当て、犯人の全身にガソリンをかけて火をつけて焼死させる。これは「復讐劇」(drama of revenge)。

前述の『悲劇とメロドラマ』の著者のロバート・ベクトルド・ヘイルマンは、メロドラマは、社会的領域とか公的領域とか、世俗世界(the world)の内部での行動に関係するものだが、悲劇は魂の内部という極私的領域に関与するものであると定義していた。ニーチェは、悲劇とは、アポロ精神とディオニュソス精神が相克するさまを描いたものだと言っている。アポロ精神は、ディオニュソス精神の存在があるからこそ、立ち上がってくるものだと示唆していた。

では、次のような事例ならば「悲劇」と呼べるかもしれない。

19歳女子がアルバイトから帰る時間の寂しい夜道で性犯罪者に襲われて倒れた時に、うまい具合に傍らに転がっていたブロックを摑《つか》み、「このような愚劣な人間は絶対に生かしてはおけない！　私は、このようなクズのために死ぬわけにはいかない。私は生き続けるべき人間であり、このクズは殺処分しなければならない」と冷静に瞬時に判断し明確な殺意を持って性犯罪者の頭に何度も何度も石を振り下ろし、性犯罪者がグッタリした隙に彼の顔にも石をガンガンと撃ちつけて、死亡したことを確認して、おもむろに警察に電話する。警察では絶対に自分の殺意は認めず、ただただ恐怖に駆られて行動したら、気がついたら血だらけの男が転がっていたと主張し警官や検察官の同情を買うべく泣き崩れたりした。

彼女は「私のしたことは正しいことだった。あのようなクズは殺害するのが正義である。この正義は、世間にはびこる生温《なまぬる》い生き方をする無自覚な偽善者には絶対に理解されないので、絶対に誰にも言ってはいけない」と心に決める。その静かな孤独な姿は、自分のしたことを悔い激しく反省する沈鬱《ちんうつ》な姿勢に見え、受難に耐える孤独で気高い姿にも見え、裁判官の心象も良く、マスコミや世論も好意的で、弁護士の奮闘《ふんとう》のおかげもあり、彼女は正当防衛を認められ無罪となる。世論を慮《おもんぱか》り、数年の実刑を求刑していた検察は上訴《じょうそ》しなかった。

その後、彼女は、自分の裁判を引き受けた弁護士の奮闘に感銘を受け、法学部に編入学し、法科大学院に進学する。司法試験には全力で臨み、見事に一発で合格する。その後、人権の御旗《みはた》をかざして跋扈《ばっこ》する犯罪者と左傾司法の犠牲《ぎせい》者たちに徹底的に寄り添う弁護士として、彼女は名声を獲得する。常に「あの時誤って殺してしまった方に申し訳ないという気持ちが私を厳しく戒め、正義へと駆り立てます」と釈明しつつ、激務に身を晒し続ける。ほんとうは全く反省していなかったし、自分のしたことは正しかったと思っているのだが。

左翼系メディアとそれに影響された類《たぐい》の人々は、彼女を敵視したが、多くの人々は彼女を支持した。その姿勢と能力と胆力と仕事ぶりを保守系与党に見込まれ、彼女は国政に立候補して国会議員になり、ついには法務大臣に就任し、他の法務大臣が回避したがる死刑囚の死刑執行命令をどんどんと発令し、悪の殲滅《せんめつ》を果敢《かかん》に実行する。

しかし、鋼鉄の女と呼ばれる彼女の心の奥からは、自分が、そうすることが正義と信じて殺害した性犯罪者の血塗られた顔が消えることはなかった。その顔は悪夢となって彼女を苦しめた。しかし、彼女はその血塗られた顔から目を逸らさず、直視した。私は正しい！と心で叫びながら直視した。彼女は大きな司法改革の激務のさなかに執務室で誰にも気づかれずに、過労の末に心筋梗塞《しんきんこうそく》で亡くなる。その死に顔には、孤独な苦悶の跡が深く刻まれていたが、精一杯生きたという人間の死に顔だけが持つ静謐《せいひつ》さがあった。それは彼女が、あの事件以来、誰にも見せたことのない無防備な静けさだった。

ヒロインは英雄的な奮闘により犠牲者となることを断固拒否し、世俗の愚民たちの雑音を蹴飛ばして人生を創り上げた。人生を燃焼し尽くして生涯にわたる努力を重ねた。しかし、彼女は自分が犯した「この世的には罰せられなかった殺人」を忘れることはなかった。ほんとうの意味で心が安らぐことはなかった。彼女は反省していたわけではない。クズの生命を奪うことに正義があるという信念は揺るがなかった。自分のしたことに悔いはなかった。同じことを経験すれば、彼女は何度でも同じことをしたろう。やはり全身全霊を賭けてクズを死に至らしめたろう。

しかし、そのクズにもかけがえのない命があった。その命を奪ったことを正当防衛と偽ったのは自分であり、彼女はその罪の償いをこの世でするという機会を自分から捨てた。自分がクズに殺意を持って処分したことは自分以外の誰も知らない。その真実の重さを彼女は独り《ひと》で担い続けた。彼女は死ぬまで、自分の殺人の正義を孤独に問い続け、答えを得られぬままに、そのような自分の運命を黙って受容した。

さて、もし、このようなドラマがネット配信されていたら、あなたは視聴しますか？私は視聴しないです。しんどいではないですか。答えが出ないような生きることの重みを意識させられたくない。現代の観客のほとんどは物語に悲劇の高みなど求めない。単なる一時的な気晴らしや現実逃避装置としての物語を消費したいだけだ。災難劇でいいのだ。勧善懲悪劇でいいのだ。復讐劇でいいのだ。世俗的な安逸《あんいつ》や成功で満たされる程度の軽薄な精神の範囲内で理解できればいいのだ。軽薄で通俗のどこが悪いのか？

今やフィクションは、小説から漫画から映画やドラマに至るまでメロドラマばかり。また、実際の事件も災難劇や復讐劇か勧善懲悪劇として報道される。個別の事件の当事者の内部にある相克を表現し追求するようなことはしない。フィクションの消費者としても、報道を受け取る側にしても、そんな相克が存在するという人間性の悲劇を示唆されても困る。答えの出ないことは何も考えないように自分の心に蓋《ふた》をして生きているのだから。

私たち現代人は、もうニーチェが言う意味での「悲劇」は理解できないのかもしれない。ロバート・ベクトルド・ヘイルマンが言う意味での「悲劇」も、理解できないのかもしれない。

しかし、私たちの実人生は、必ず徒手空拳でひとりで死ぬという意味で負け戦であるが、災難劇や復讐劇か勧善懲悪劇として分類されるような単純なものではない。心の中の様々な欲望の相克の結果を背負ったものであり、それらの相克が導いた運命をひとりで支えなければならないという意味では、悲劇だ。悲喜劇という言葉はあるが、喜悲劇という言葉がないように、悲喜劇は悲劇のカテゴリーに入る。

たとえ、自分の人生の重荷を「弱者救済」を大義とする福祉行政に丸投げできても、せいぜいが生存が可能な衣食住が保証されるという程度のものでしかない。そういう意味で、誰の人生も悲劇であり、それはオイディプスのような英雄の生も同じだ。

つまり、私が何を言いたいかといえば、人間が人間であるかぎり、「弱者救済」も「ユートピア構築」も、人間の心の内部に至るまで幸福をもたらすことはなくて、与えられるのは、ささやかな物質的安穏《あんのん》さだけだということだ。そして、私たちの心の内部は、物質的安穏さによって満たされるほど単純で他愛がないものではないということだ。どんなに満たされているふりをしても、悲劇上等だ。私たちは、自分の悲劇を生きるしかない。

3・4 歴史は強くて利己的な野蛮人が作る

歴史は「弱者救済」と「ユートピア構築」を目指して進んできたし、国連が推進するSDGsや、世界経済フォーラムが提唱するグレート・リセットが進行中の現代から近未来を想像すれば、ホワイト革命が起きることは必然であり予定だ。

しかし、ホワイト革命はユートピアもどきは形成できても、ユートピアを作ることはできないということを、前のセクションにおいて、私は言及した。

この問題については、『善悪の彼岸』において展開される主要な議論であるニーチェの「近代理念批判」を参考にする。

ニーチェは、イギリスに起源を持つ「近代的理念」とか「十八世紀の理念」とか「フランス的理念」と呼ばれるものは、ヨーロッパ精神の全体的沈滞を引き起こしたと言う。ヨーロッパが地球の他のどの地域よりも文明化されていることの理由のひとつである近代啓蒙思想こそ、ヨーロッパの潜在的衰退と沈滞をもたらしたのだという。

ふつう、私たちは「暗黒の中世」から「ルネサンス」が生まれ「近代」にいたったことは素晴らしいことだと教わる。しかし、ニーチェからすると、近代的理念は、平等という概念の下《もと》に味噌もクソ（下品ですみません）も同じにしてしまう。

ニーチェによると、「アメリカ独立革命」や「フランス革命」の理念となった啓蒙主義の提唱者は、「自由な精神」の持ち主と呼ばれてはきたが、要するに「水平化する者ども」でしかない。水平化とは、突出した者もダメな者も、高貴なことも愚劣なことも、差異化しないことだ。位階を認めないことだ。優劣をつけないことだ。「みんな違ってみんないい」にしろ「みんな違ってみんなダメ」（イスラム学者の中田考のことば）にしろ、どんな人間も「世界に一つだけの花」として讃えることだ。

しかし、真実はそうではない。歴史を変え推進してきたのは野蛮で残酷で頭のいい人だ。平和的で良い人は、平和的で良い人だからこそ、そのような野蛮で頭のいい人たちを止めることはできない。歴史を変え推進する力がない。たとえば、ニーチェは、次のように書いている。

なお自然のままの本性をもつ人間、およそ言葉の怖るべき意味における野蛮人、なお挫《くじ》かれざる意志と権力欲を有している掠奪《りゃくだつ》的人間が、より弱い、より都雅《みやこみやび》な、より平和な、恐らく商業か牧畜を営んでいた人種に、或いは、いましもその最後の生命力が精神と頽廃《たいはい》との輝かしい花火となって燃え尽きんとしていた古い軟熟《なんじゅく》した文化に襲いかかったのだ。貴族階級は当初には常に野蛮人階級であった。

（『善悪の彼岸』木場深定訳、岩波文庫、２６６頁）

さらに、ニーチェは、生そのものは、本質的に、他者や弱者を侵害し圧迫せざるをえないし、生は、自分のやり方を押し付けることであると言う。人間社会から搾取的性格が消えることはないと言う。野蛮で下品で強い人々が、雅やかで上品でひ弱な人々を駆《く》逐《ちく》することによって歴史は進んできたと考える。

侵害・暴力・搾取を互いに抑制し、ある力とある別の力が均衡する場合もある。相手に核攻撃すれば、自分も核攻撃されるような冷戦が作る平和のような事例はある。しかし、それは社会の根本原理にはなりえない。

この世界の表層から差別的言語を消滅させ、社会的不正を絶滅させたいのならば、メディアや教育機関によって正義の重要性を大量に流布《るふ》するだけでは足りない。ホワイト革命を成就させ保持したいなら、それを可能にするだけのハードパワーを持たなければならない。ホワイト革命の倫理性など蹴飛ばすような生命力と欲望の激しい人々が自分の欲望のままに動き始めたら、言論の力だけで、それらの人々を封じ込めることは難しい。暴力と言論が戦えば、暴力の方が勝つ。ホワイト革命でさえ、それを成就して維持するには暴力というブラック行為が必要なのだ。

たとえば、私はフェミニストではあるが、女性差別や、男性の横暴さによって不幸な女性たちが生まれる事態は消えないと思っている。「人とは恐ろしいモノ」だから。この期《ご》に及んでも、まだもののわからない類の女の子が、「男らしくて強くて頼りがいがあって、いっぱい稼いできてくれて、私を大事にしてくれるブリリアントな男の人がいい」と言う。そういう男性は、利己的に自分の都合で女性を使用利用するものだ。

もし、女性が自分の主体性を大事にし、男性にコントロールされない人生を創りたいのならば、「男らしくて強くて頼りがいがある男性」になど近寄ってはならない。そのような男性のほとんどは、潜在的にＤＶ男でありパワハラモラハラの行使が日常的である。「強くて優しい男」という存在はファンタジーである。

女性は、戦略的に「女々しくて強くないが優しい男性」を選ぶぐらいでなければ、自分の主体性や独立性を保《たも》てない。身も蓋もないことを言うがそうなのだ。その点、日本のかなりの男性は、主体性を保持したい女性にとっては、かなりいい線を行っていると思う。皮肉でなく、本気で私はそう思っている。

政治家や企業経営者だの社会の支配層や指導層に根っから残酷なサイコパスが多いことはよく指摘されることだが、サイコパスこそ**「自然のままの本性をもつ人間、およそ**

言葉の怖るべき意味における野蛮人、なお挫かれざる意志と権力欲を有している掠奪的人間」である。いかに平和的で洗練されたいい人間に見えても、彼らや彼女たちは、必要ならば策略でも暴力でも使う。

ともかく、ニーチェは、畢竟《ひっきょう》、歴史は利己的で野蛮な強者によって牽引《けんいん》されると言った。だから、そのような存在としての強者を否定し、あくまでもホワイトであろうとするヨーロッパは没落必至だと言ったのだ。

ニーチェの予言はあたった。ヨーロッパの国々は自分たちが産んだ人権思想のために、人権意識など教えられたことがない文化圏の人々を国内に入れてしまった。2011年に端を発したシリア内戦が産んだ難民たちを引き受けたヨーロッパの国々が、難民支援のための財政問題や異文化との衝突に苦しんでいる。

この問題に関しては、ダグラス・マレーの『西洋の自死　移民・アイデンティティ・イスラム』（中野剛志解説、町田敦夫訳、東洋経済新報社、2018）を読んでください。フランスがイスラム教徒に呑み込まれ民主主義国家ではなくなる近未来を描いたディストピア小説ならば、ミシェル・ウエルベックの『服従』（大塚桃訳、河出文庫、2017）がある。

私自身は、野蛮になる能力も体力もない弱者なので、ニーチェの「歴史は利己的で野蛮な強者によって牽引《けんいん》される」説を認めるのは辛い。しかし、認めざるを得ない。かつてはローマ帝国によって、もしくはモンゴル帝国によって、19世紀はイギリスによって、20世紀はアメリカによって動かされ、21世紀も、やはり利己的で野蛮な強者によって歴史は、動かされるだろう。ただ、未来の利己的で野蛮な強者たちは、自分たちの残酷さが見えないように、もっと洗練された支配法を生み出すだろうけれども。

3.5 天国や彼岸の設定は生の否定であり敵視

このセクションでは、ニーチェが指摘する同情や憐憫《れんびん》の危険性について『アンチクリスト』を利用して確認する。

『アンチクリスト』は、ニーチェが44歳の1888年ごろに書かれ、1895年に出版されたものである。19世紀に牧師の息子が反キリスト（教）論を書いたというのは、すごいことだ。

『アンチクリスト』の7において、ニーチェは、次のように言っている。引用文を読むなんて、面倒くさいでしょうが、ちょっとだけ我慢して読んでください。これらの長い引用文さえ読むのが面倒くさいのならば、適菜収《てきなおさむ》による超訳の『キリスト教は邪教です！』（講談社＋α新書、2005年）を読んでみてください。

> キリスト教は同情の宗教と呼ばれる。——同情とは、生命感情のエネルギーを高めるような強壮剤的激情とは正反対をなすものであり、人の心を抑圧するように作用するものである。同情すれば、誰しも力を失う。苦悩することLeiden そのことだけですでに生命から力が失われるものだが、同情 Mitleiden［共に苦悩すること］がこれに加われば、力の喪失はいっそう増し、幾倍かにもなるであろう。同情によって、苦悩そのものが伝染性を帯びる。同情のために、生命と生命エネルギーが全的に失われてしまうという場合もことによるとあり得ることかもしれない。
>
> （西尾幹二訳『偶像の黄昏　アンチクリスト』白水社、1991年、165-166頁）

同情はごく大まかに言って発展の法則を、つまり淘汰の法則を妨げる。同情は没落しかかっているものを保存する。生の廃嫡者《はいちゃくしゃ》、生の犯罪人のために防戦する。同情はありとあらゆる種類の出来損い的人間を生の中に引き留め、そうした人間を夥《おびただ》しく地上に溢《あふ》れさすことによって、生そのものに陰惨でいかがわしい表情を与える。人びとは、こうした同情を敢えて徳と呼んで来たのだ（――あらゆる高貴なモラルにおいて同情は弱さと看做《みな》されているのに――）。人びとはさらに一歩進んだ、同情を徳そのものであるとし、すべての徳の土台にして根源であるとした。

（同、166頁）

同情とは、ニヒリズムの実践である。再度言っておくが、この抑圧的伝染病的本能は、生命の保存、生命の価値向上を目指すあの諸本能を妨げるものである。同情の本能は、みじめさの倍加者として、そして同時に、みじめな人間の保存者として、デカダンス促進のための主要道具である。――

同情は虚無に向かうことを人に勧める！……が、それを「虚無」とは言わない。代わりに「彼岸」という、または「神」という、または「真の生活」という、あるいは涅槃《ねはん》とか、救済とか、浄福とかいう……。これらは、宗教的道徳的な異常体質の領域から出ている無邪気なレトリックにすぎないが、ここで崇高な言葉のマントを纏《まと》っているのはいかなる傾向であるかを了解したなら、たちどころに、無邪気どころの話ではなくなってしまうだろう。すなわち、それは生に敵意をもった傾向なのだ。

（同、166－167頁）

さすが19世紀は、今のようなゲームだのインターネットだの暇潰し装置がなかったので、ついでにニーチェのような天才は頭が良すぎて一般の人間が楽しいと思えるような遊興《ゆうきょう》は退屈であったろうから、自分の思考を書き連ねることが娯楽であり生き甲斐であったのだろう。文章は長いし、思考の息も長い。このニーチェの言葉を私流に翻訳すると、こうなる。

「同情なんてしてもしかたがない。同情は生き抜こうとする意志もないし、生き抜こうと精一杯あがくこともないので滅びるしかない者を無駄に保護するので社会の進歩の邪魔になる。同情を最高の美徳とするキリスト教は、人間の生きる力を弱め、そうすることによって世界を劣化させる。この世界は、生きようと戦う人間が生き抜く場である。キリスト教は、他人の同情にすがって支援されないと生きて行けない人間を助長《じょちょう》するだけだ。人々をして、この世において生きようと精一杯努力させる代わりに、この世で生きることを憎ませる。宗教は、彼岸とか神とか涅槃とか救済とか言い立てて、生きることや世界に向き合うことから人々を逃避させる」

本書をここまで読んで来たあなたならば、このニーチェの言葉に共感できるのではないだろうか。ニーチェの言っていることは、今の私たちが生きている「弱者救済」が共通善である世界においては、とんでもない暴論だ。恵まれない人々に同情するからこそ、キリスト教は愛の宗教となり世界宗教になり得たということが、あたりまえの常識になって久しい世界に私たちは生きている。また、私たちの心は、長い歴史を通じて刷り込まれた教育によって、恵まれない人々を見ると心が傷むようになっている。

しかし、よくよく考えるとニーチェの言うとおりではないだろうか？　ニーチェは、弱者はさっさと滅びろと言っているのではない。誰が強者で誰が弱者と決める基準があるわけでもない。自分は強いんだからと思い定めて、いろいろな責任を負い戦い死んだ人間は強者なのか、弱者なのか？　自分は弱いのだから他人の寄生虫で生きていいと思い定めて延々と生きながらえる人間は弱者なのか、強者なのか？　江川達也が言うように「人とは恐ろしいモノ」であり、弱者と強者の線引きなど簡単にできるものではない。

ここでニーチェが言っていることは、生きている人間は精一杯生きることをするべきであって、救済だの彼岸だの天国だの今ここにない何かを語り、今ここで生きることを敵視し、今ここで生きることを憎むような邪教に頭をおかしくされてはいけないということなのだ。そのような邪教は、あなたの生きる力を収奪《しゅうだつ》するものだと言っているのだ。

ニーチェは、救済や彼岸や天国や涅槃は存在しないと言っているのではない。そういうものは存在するかもしれないし、存在しないかもしれない。ただ、今ここで生きている人間にとっては、今ここにないものの輝きをいくら語られても、今ここで生きて行くことの力にはならないと示唆している。今ここで生きている人間は、今ここで生き抜くことだけ考えればいいと示唆している。

さらに、ニーチェは『ツァラトゥストラかく語りき』の中で、今ここにあるものであるこの地を、自分の肉体を愛せと言い、ツァラトゥストラに次のように語らせている。以下の引用文は、何回も読んで欲しい。私は、生きているのが面倒くさくて、こんな世界など消え失せろと思い、自分の肉体を邪魔に感じるときに、この言葉を思い出す。

わたしの自我はひとつの新たな誇りを教えてくれた。それを人間に教えよう。——もはや頭を天国の事物の砂のなかに突っ込むのをやめ、自由にしておくことだ。それは大地に意義を創り出す、地上にある頭なのだから。

わたしは人間にひとつの新たな意志を教えよう。人間が盲目的に歩んできたこの地上の道を意欲することだ。その道をみとめて、病人や瀕死の人びとのように、もはやそこから逸《そ》れていってはならない。

肉体と大地を軽蔑して、天国だの救済のために流す血だのを発明したのは、病人や瀕死の人びとなのだ。だが、この甘く陰険な毒ですら、肉体と大地から作ったのではなかったか。

（佐々木訳、50-51頁）

私は、非常にヘタレで豆腐メンタルなので、子どもの頃から生きるのは楽なことではなかった。今でも楽ではない。特に体力がなく、体調がすぐに悪くなるので、自分の肉体を憎んでさえいた。愛するほど美しい肉体でもなかったし。だから、今ここにはないものを夢想するのは子どもの頃からの癖であった。その意味で、私は非常に非現実的で、宗教やスピリチュアルに騙されやすい傾向があった。また、実際に軽く騙された経験もあった（このことについては、本書ではなく別の機会に書く）。

その私が、今ここにないものに逃避するのをやめ、自分の肉体を受け容れ、大事に扱い、自分なりに少しずつ肉体を鍛えるようになったのは、このニーチェの言葉に出会ったからだ。

さらに、私は、この世界が腐っているなあ、人間も腐っているなあと思う時、この言葉も思い出す。この言葉も、『ツァラトゥストラかく語りき』の中の言葉だ。

世界は多くの汚物を垂れ流す。そこまでは本当だ。だが、だからといって世界そのものは決して巨大な汚物ではない。

世界にある多くのものが悪臭を放っている。だがそのなかにこそ知恵がある。嘔《おう》気《き》そのものが翼をつくり、泉をもとめる力を生み出すのだから。

最善のものにすら何か虫唾《むしず》が走るものがある。最善のものすら、乗り超えられねばならない何かだからだ――。

おおわが兄弟よ。多くの知恵があるのだ、世界が多くの汚物にまみれているということのなかには――。

（351‐352頁）

3・6　善悪も道徳も正義も変わるもの

人間が生き抜いて行くためには、今ここにないことに過剰に気を取られないことが大事であるが、と同時に、矛盾するようであるが、今ここで起きているもろもろの事物に過剰に意味を付与《ふよ》しないことも大事だ。

たとえば、世間一般が永遠に重要だと信じて疑っていないようなことは、時間の推移と共に重要でも何でもなく、忘れられるし消えることだと認識しておくことも大事だ。

永遠に変わらないものなどない。

だから、せいぜいが100年間ぐらいの一時期の世間の一般通念でしかないことに呪《じゅ》縛《ばく》されて、自分の人生に自分で呪いをかけないことが大事だ。

ほんの100年近く前は陸軍士官学校に入学し陸軍大学を卒業したキャリアは、額から まぶしい光を発しているような威力があった。戦前の少年たちにとっては、満鉄に入って満州で暮らすこと、つまり「満州鉄道」に就職することは、今のマッキンゼーのようなコンサルティング会社に採用されるよりも、カッコいいことだった。私が大学生の頃の1970年代に、経済学部の学生たちの人気ゼミは経済理論ではなく金融システムを学ぶものであり、彼らの目的は大手都市銀行に採用されることであり、今のようにメガバンクでさえ支店がどんどん閉鎖される時代が来ることなど夢にも思われていなかった。

この価値観の変動について認識しておくためには、1886年に発表された『善悪の彼岸』(木場深定訳、岩波文庫、1970初版/2006)が面白く読める。『善悪の彼岸』というタイトルも実にカッコいい。この著作は9章で構成され、それらが296の長短入り混じった格言《かくげん》で成っている。

題名だけで想像すると、『善悪の彼岸』は背徳的に生きることの薦めに見えるが、それは全く違う。ここで、ニーチェが言う善悪とは、社会の中で支配的な価値観という限られた範囲内での通俗的な意味での善悪のことである。

言うまでもないことだが、善悪とか正義とか道徳は、社会状況によって移り変わる。かつては男性によるセクハラに耐えることは女性の美徳であり義務であったが、現在では、そのような女性は、性差別という社会的不正をはびこらせる悪徳の行使者だ。「あんたみたいな馬鹿女がいるから、他の女が迷惑するんだよ」と同性から罵倒《ばとう》されてもしかたない存在だ。

ニーチェにとっては、そのような政治や社会状況によって移り変わる道徳を疑い、孤独や孤立や世俗の評判を恐れずに、自分が決めたことを実行するエネルギーに満ちた人間こそが「偉大」なのだ。だからニーチェは、第6章の格言2-2において、次のように言う。

最も孤独な者、最も隠れた者、最も脱俗的な者、善悪の彼岸にあって自分の徳の主人であり、有り余る意志をもつ者こそ、最も偉大な者であるべきである。同様に、複雑であるとともに全体的であり、また広大であるとともに完全でありうること、これこそまさに偉大と呼ばれるべきである。

（187頁）

ニーチェにとって「偉大さ」とは、「高貴であること、独立自存《じそん》であろうと欲すること、他者でありうること、孤立し、自己の拳《こぶし》で生きなければならないこと」（187頁）だ。

ニーチェが偉大と呼ぶところの人間が善悪の彼岸に立って暴き出すのは、「彼らの同時代人の道徳性の最も尊重された類型の下にどれほど多くの偽善・安易・怠慢・自棄が、どれほど多くの虚偽が隠されているかということ、どれほど多くの徳が生き残っているかということ」（185頁）だ。

岡田斗司夫が予測する「ホワイト革命」が成った世界は、何よりも、優しくあれ、人を傷つけてはいけない、差別しちゃいけない、公平でなきゃいけない、弱者や恵まれない人々を産むような社会であってはいけない、環境にも人間にも優しくしなきゃいけない、美しい清潔な世界を作ろう、というスローガンが常に大量に流布される世界だ。同時に、それらのスローガンとは反対のことが起きている世界だ。いっぱいの不都合な真実が隠される世界だ。

本書を読んでいるあなたは、そういう世界の欺瞞と薄っぺらさに気がついてしまう感受性がある。あなたは、そういう世界に適応していない自分を意識して孤独を感じる。あなたは、教育や洗脳によってホワイトになったのではなく、生まれつき本質的に倫理的なホワイトな人間だからだ。だからこそ、逆説的に自分の心の闇にも気がついている。だからこそ、真のホワイト革命なんて人類に可能だと思えない。道徳も正義も移り変わる価値観によって変わるものであるのならば、ホワイトは常に似非《えせ》ホワイトでしかない。

そういう真実を知ってしまった人間は、**「高貴であること、独立自存であろうと欲すること、他者でありうること、孤立し、自己の拳で生きなければならないこと」**を自分の運命として意識せざるをえない。

「高貴である」ということは、言うまでもないが王侯貴族であるという意味ではない。ほとんどの人が考えている程度のことを超えてしまう精神状態だ。

「独立自存」であろうとすることは、移り変わる頼りないものでしかないある時代の支配的価値観（道徳や正義など）に埋没しない自分の思考を持とうとすることだ。

「他者である」ということは、自分が生きる時代の支配的価値観から距離を置いた人間は、「はぐれ者」「異邦人」stranger にならざるをえないということだ。

「孤立」については説明する必要はない。そのような人間は誰と共にいても、大勢の人に囲まれていても実質的には孤立している。

「自己の拳で生きなければならない」とは、自分が生きる時代の支配的価値観を真理と考えることができない人間は、いかに一般的社会や共同体に溶け込み紛《まぎ》れているように見えても、自分の力のみで立っているのと同じだということだ。

わざわざ本書を読んでいるあなたは、あなたが好むと好まざるとに関わらず、このような人生を生きる羽目になる可能性がある。怖いですか？　大丈夫です。あなたは、小賢しいお芝居をしながら世間と歩調を合わせることの方が、**「高貴であること、独立自存であろうと欲すること、他者でありうること、孤立し、自己の拳で生きなければならないこと」**より、苦痛に感じるのですから。

あなたは自分が偉大だとは思っていないし、偉大でありたいとも思ったことがない。そこまで厚かましくない。だけれども、結果として、それっぽい人生を生きるはめになる。難儀なことだ。しかし、面白いことでもある。

3・7 ルサンチマンから生まれる道徳もある

ニーチェは、近代的理念を「賤民主義《せんみんしゅぎ》」（『善悪の彼岸』254頁）と呼ぶ。言い換えれば、近代啓蒙思想を信じる人間は賤民だと言っている。賤民というのは、普通の庶民より下位に位置づけられる最下層民のことだ。この言葉自体がすでにポリコレ的に問題がある。なぜニーチェはそう言うのか。

ニーチェによると、道徳には「主人道徳」と「奴隷道徳」がある（269頁）。このふたつの道徳を調停する試みもあったし、ひとりの人間のなかに、このふたつの道徳が併存していることもある。

主人道徳においては、「よい」と「わるい」の対立は、「高貴な」と「軽蔑すべき」の対立である。だから、「卑怯な者、戦々兢々《せんせんきょうきょう》としている者、小心翼々《しょうしんよくよく》たる者、目先の利益だけを考えている者は軽蔑される」（270頁）。

主人たる貴族は、自分を価値決定者として感じる。他人の是認は必要ない。つまり、彼は価値創造的である。彼が価値を決定する。「彼は自分において認めるすべてのものを尊重する。このような道徳は自己讃美である。前景に立つのは充実の感情、溢れるばかりの力の感情、高い緊張の幸福、贈り与えようと望む富の意識である」（270頁）。

利己主義は主人道徳では善である。利己主義とは、他の存在が本性上、自分に従属し、自分の犠牲となるべきであるという信念である。

> 偉大なものに向かって努力する人間は、自分の進路で遭遇する者を誰でも手段と見なすか、または遅滞させ妨害するものと見なすか、——或いは一時的な休息用のベッドと見なす。（292頁）

だから、彼には一切の交際がうまくいかない。だから彼は孤独である。彼はその孤独を引き受ける。

一方、奴隷道徳においては、力と危険性が悪に属する。「悪人」とは恐怖をかきたてるものである。「善人」とは危険でない人間である。この善人は、騙されやすく、愚鈍で、お人好しである。奴隷道徳において、善と愚かさはほとんど同義語だ。

利己主義は奴隷道徳においては悪である。**「彼らが全力を挙げて得ようと努力するのは、万人のための生活の保証・安全・快適・安心を与えるあの畜群の一般的な緑の牧場の幸福である」**（72頁）。ニーチェによると、善人で愚かな弱者は、「権利の平等」と「すべての苦悩する者に対する同情」をひたすら唱える。彼らは、あらゆる苦悩は人間から除去《じょきょ》されねばならないと考える。だから、ヨーロッパは、奴隷道徳のために劣化してしまった。苦痛に対する病的な多感さと敏感さと、自分の弱さをひけらかし恥じない無節操がはびこっている。

今日のヨーロッパでは畜群的人間が、自分だけが唯一の許された種類の人間であるかのような顔をして、自分を温順で協調的で、畜群に有用なものにする自分の性質

を、本当に人間的な美徳だとして讃美する。すなわち、公共心・好意・顧慮《こりょ》・節度・謙譲・寛容・同情などがそれである。（151頁）

さらに、ニーチェは、近代的理念が寿《ことほ》ぐ代議制度とは、賢明なる畜群的人間を寄せ集めて命令者や指導者の穴埋めをさせることでしかないという。

彼らはすべてが一様に、同情を叫び、同情に焦《あせ》り、およそ苦悩というものに対して死ぬほどの憎悪を抱き、苦悩の傍観者として留まることも、苦悩するままに放置することもできないという殆んど女性的な無能力さを示す。彼らは一様に、心ならずも陰鬱《いんうつ》にされ柔弱にされており、この呪縛のもとでヨーロッパは一つの新しい仏教によって脅《おびや》かされているように見える。彼らは一様に、共通の同情という道徳を信奉し、あたかもこれを道徳自体であるかのように思い、人間の頂上、人間の到達した頂上、未来の唯一無二の希望、現在の慰藉《いしゃ》手段、過去のすべての負い目からの偉大な解脱《げだつ》と見なす。（158頁）

今の私たちが生きている世界が表層で謳《うた》う共通善は「弱者救済」であり、大義は「弱者を大事にするユートピア構築」であることは今までにも何度も書いた。それらの道徳や大義の底にあるのは、独立自存であろうと欲することができて、孤立を恐れず、他者であることを選び、自己の力《ちから》で生きることを引き受けることができる真の高貴な者や強者に対する弱者の嫉妬や恨みの気持ち（ルサンチマン）であると、ニーチェは示唆する。

私自身は、ニーチェの指摘にかなり共感している。強者へのルサンチマンから生まれた道徳や大義が作り出す世界は、一見いかにユートピアに見えても、嘘まみれのディストピアであると私は思う。無能非力、生命力の欠如からは何も生まれない。弱者は、自分たちが嫉妬し、敵視し、憎む強者たちが創造するものに依存しているという掛け値のない事実を深く深く抑圧して、奴隷道徳を打ち立てて強者に幻想的に対抗してきたのであるから、決して弱者ではない。ルサンチマンというようなケチくさい心情は振り捨てて、生きる者同士のレースに堂々と参入すればよい。この世界にユートピアというものが実現されるとしたら、それは、誰もが自分を呪縛するルサンチマンを蹴飛ばして、持てる力を精一杯発揮して、みながガンガン生き生きと生きている世界だと思う。だから女性も、いつまでも他人に恨み言など言っていないで、他人に幸せにしてもらおうなどと思わずに、勝手に利己的に自分の幸福を追求すればいいのだ。他人の願い（欲望）に応えて奴隷をし続けてきたあげく、ネチネチと恨みがましい目つきで、自分より不幸な人間はいないかと探すような「優しい女性」になってもしかたない。

3・8 キリスト教は世界史初の奴隷道徳

『道徳の系譜』は、『善悪の彼岸』を補足解説するために1887年に発表された。それまでの著作に多く採用されていた格言形式ではなく、この著作は三つの論文から構成されている。第一論文は「「善と悪」・「よいとわるい」」である。第二論文は「「負い目」・「良心の疚《やま》しさ」・その他」である。第三論文は、「禁欲主義的理想は何を意味するか」である。この『道徳の系譜』の説明は、通常、この三論文のそれぞれの内容を提示するという形でなされるのだが、このセクションでは、三論文全体から抽出できるもっとも重要な考え方である「ルサンチマンが生んだ奴隷道徳とキリスト教」について説明する。

ニーチェによると、もともと非利己的な行為は、それによって利益を受けた人々から「よい」と呼ばれたのだが、いつのまにか、非利己的な行為は、ただ習慣的に「よい」と称賛されただけの理由で、「よい」と感じられるようになった。

しかし、もともと、「よい」という言葉は「非利己的な」行為と結びついていなかった。高貴な人や強力な人や高邁《こうまい》な人々が、自分の行為を「よい」と感じ、すべての低級なものや卑賤《ひせん》なものや卑俗なものを「わるい」と対立させたことが、「よい」ことと「わるい」ことの起源だ。

ところが、ルサンチマンによって作られたキリスト教道徳においては、「利己的」が「わるい」ことで、「非利己的」が「よい」ということになった。もともとの「精神的に高い天性をもった」とか「精神的に特権をもった」という意味での「よい」の用いられ方がされなくなってしまった。それは、なぜか。

神の代理人たる教会が社会ヒエラルキーのトップになった中世ヨーロッパにおいては、つまり最高の階級が僧侶階級の時代には、僧侶の価値観が精神的優位なこと、「よい」

ことにされることになった。政治的には優位である現実的に強いこと、勇敢であること、剛腕であることなどが、僧侶の価値観の下位に置かれた。

政治的に優位にある人々である騎士や貴族の価値判断の前提にあるのは、力強い肉体、若々しい豊かな健康、戦争・冒険・狩猟・舞踏・闘技などの自由で活発な行動すべてである。一方、僧侶には、これらの資質や能力がない。無力である。

よって、僧侶の評価様式は、かつては「よい」とされていた貴族的な生命力を否定するか、否定しないまでも価値を貶《おとし》めるものになる。価値転倒的なものになる。したがって、次のような考え方が生まれた。

惨めなる者のみが善き者である。貧しき者、力なき者、卑しき者のみが善き者である。悩める者、乏しき者、病める者、醜き者こそ唯一の敬虔なる者であり、唯一の神に幸いなる者であって、彼らのためにのみ至福はある。——これに反して汝らは、汝ら高貴にして強大なる者よ、汝らは永劫に悪しき者、残忍なる者、淫逸《いんいつ》なる者、飽くことを知らざる者、神を無《な》みする者である。汝らはまた永遠に救われざる者、呪われたる者、罰せられたる者であろう！

（『道徳の系譜』木場深定訳、32-33頁）

すべての貴族道徳は勝ち誇った自己肯定から生じるが、奴隷道徳は、「外のもの」、「他のもの」、「自己でないもの」を否定する。否定こそが、奴隷道徳の創造的行為だ。自己自身の非力を顧《かえり》みるかわりに、自分の非力を見せつける強力な外部に向かって責任を問う方向こそ、ルサンチマンの本性だ。ルサンチマンから生まれた（僧侶／キリスト教／無力非力な奴隷の）道徳は、強い者への復讐心なのだ。

貴族的評価様式は、自発的に行動し成長する。他人のせいにはしない。僧侶的評価様式が生んだ奴隷道徳は、自分に求めずに、他人に求める。ニーチェによると、この奴隷道徳こそが、近代精神の賤民主義、民主主義を生み出した。

このような道徳の奴隷一揆《いっき》は成功した。貴族や戦士に体現されているような過酷さ、冷酷さ、残忍で、感情も良心もないような獰猛《どうもう》さを飼いならして温順にするのが、つまり人間を家畜にするのが、文化なるものの意義だとするならば、貴族的なるものをルサンチマンによって汚辱《おじょく》する奴隷道徳こそ文化なのかもしれない。弱者救済とか、弱い者も生きて行けるこの世のユートピア構築という大義は、この奴隷道徳の産物だ。それが、ヨーロッパを席巻《せっけん》し、非ヨーロッパ世界に拡大されたのが近代以降の歴史だった。だから、私たちは、どんどん下に向かっている世界に生きているのかもしれない。低下への、下落への、平均化への人間の退廃と劣化が覆っている世界に。どうりで面白くないはずだ。

3・9 末人《まつじん》なんて退屈だから超人をめざせ

超人と末人についてよく書かれているのは、『ツァラトゥストラかく語りき』である。氷上英廣訳の岩波文庫版では題名は『ツァラトゥストラはこう言った』であり、『ツァラトゥストラかく語りき』というタイトルは佐々木中翻訳の河出文庫版だ。

副題は「だれでも読めるが、だれにも読めない書物」である。『ツァラトゥストラはこう語った』の訳者である氷上英廣の解説によると、文体は近代ドイツ語を創造したルター訳聖書に似ている。ツァラトゥストラが出会う人々に語りかける調子は、イエスが弟子に語る調子と同じである点で、新約聖書のパロディである（氷上英廣による解説、上巻、2022、260頁）。

ツァラトゥストラは、古代ペルシャ発祥の宗教のゾロアスターのドイツ語読みだ。なぜ、ニーチェはゾロアスターを主人公にした長い物語を書いたのか。ゾロアスター教の世界観は善悪二元論である。世界は、善の神々と悪の神々が戦う場であり、生命／光が、死／闇と戦う場である。ゾロアスター教においては、世界の終末に善と悪の大決戦が起きるということになっている（新約聖書のハルマゲドンはゾロアスター教のパクりである）。

しかし、ニーチェは、このような二元論的思考を超えていた。それは、3・2で言及した『悲劇の誕生』のアポロ的なるものとディオニュソス的なるものの相克論を思い出すといい。両者の相克は単なる対立ではない。アポロ的なるものとディオニュソス的なるものは分裂していない。ディオニュソスからアポロが立ち上がり、アポロの中からディオニュソスが目覚めるのだ。

ニーチェは、『ツァラトゥストラかく語りき』において、ツァラトゥストラ（ゾロアスター）というひとりの人間が、閉じこもった隠者の立場から自分を世界や他者に開いていく過程を描いている。つまり、二元論的発想の教祖ともいえるゾロアスターが自分の思想を超え、かつ人間に解放をもたらそうと決意し、賢者としての高い位置から降り、人々の間に入っていく過程を描いている。ニーチェは、これを「没落」と呼んでいる。ニーチェにとって、没落することは祝福すべきことなのだ。人間は没落しないと世界の真実の一部すら知ることができないから。

『ツァラトゥストラかく語りき』は、４部構成になっている。第１部は、ツァラトゥストラが30歳で山奥にこもり10年経過したときから始まる。知恵を身につけたツァラトゥストラが、人々に知恵を分け与えようと思い下山する。町で人々に説教する。が、人々は理解しない。ツァラトゥストラは弟子をとるが、弟子たちも理解していない。失望したツァラトゥストラはいったん山に帰る。

第２部では、ツァラトゥストラは自分の弟子たちが間違った考えに侵《おか》されているのを知る。ふたたび下山し、説教する。彼が孤独のなかにいるとき、声なき声が聞こえてくる。その声は、ツァラトゥストラに「あなたは、わかっているのに、なぜそれを人々に伝えないのか。人々の嘲笑などどうでもいいではないか。羞恥《しゅうち》を捨てなさい」と言う。

ツァラトゥストラはその声に抵抗する。声なき声は、「あなたは再びあなたの孤独に戻り、さらに熟れるのを待ちなさい」と言う。

第3部で、ツァラトゥストラは山を出て旅に出る。船に乗り海に出たいと思う。船の中で船乗りを相手に語り始める。ツァラトゥストラは人々を奮いたたせていないことに気づく。ツァラトゥストラは、ふたたび陸に上がる。長年のすみかである山奥の洞窟に帰る前に、さまざまな町に寄る。自分が留守の間に陸地がどう変わっているか知りたい。

第4部、すでにツァラトゥストラは白髪である。長い年月が通り過ぎた後である。山中に戻っているところへ、噂を聞いた者たちが教えを求めてやって来て彼を待っている。彼らをツァラトゥストラは自分の住む洞窟に招き入れる。彼らは、ツァラトゥストラの教えをやはり理解していない。しばらく洞窟で隠棲《いんせい》していたツァラトゥストラだったが、ある朝に心に決める。没落しようと決める。世捨て人になって山奥で君臨していてもしかたない。人々に教えを伝えることを何度も何度も繰り返せばいいと心に決める。自ら身を下げて降りて人々に語ろうと、ツァラトゥストラは、また下山する。

ツァラトゥストラが人々に伝えることは非常に多いが、最大のメッセージは、「超人であれ、末人になるなかれ」ということと「死の説教者から離れよ」ということである。ツァラトゥストラが自らに命じるのは、「永遠回帰の教師であれ」ということである。『ツァラトゥストラかく語りき』において、主人公のツァラトゥストラの思いがもっとも強く表現されているのは、次の言葉だろう。

> 人間は綱《つな》だ、動物と超人とのあいだに掛け渡された —— 深淵の上に掛かる、一本の綱だ。
> 彼方《かなた》に渡ろうとするのもあやうい。中途にとどまるのもあやうい。振り返るのもあやうい。慄《ふる》えて立ちすくむのもあやうい。
> 人間の偉大さは、人間が橋であり、それ自体は目的ではないということにある。
> 人間が愛しうるのは、人間が移りゆきであり、没落であるからだ。
>
> （佐々木訳、22頁）

超人とは、いわゆるスーパーマンとか超能力者とか新人類とかの意味では全くない。

ツァラトゥストラは、生まれっぱなしのままである人間は、それだけでは意味がないと言っている。それは目的にはならないと言っている。ツァラトゥストラによれば、人間であること自体は、**「克服されなければならない或物」**（氷上訳、上巻、14頁）だから。人間は汚れた流れであり、その汚れた流れを受け容れ生き抜き、かつ「大海」であろうとするのが超人だ。

超人は、幸福というものを貧弱で不潔でみじめな妥協と安逸だと考える。超人は、獅子が獲物を求めるように知識を激しく求めていなければならないと考える。ツァラトゥストラは言う。**「君は、みずから自身の炎で、自分自身を焼こうとせざるをえなくなる。ひとたび灰になりおおせることなくして、どうして新たに甦《よみがえ》ることができるというのか」**（佐々木訳、108頁）と。この言葉は、2015年の東京大学教養学部学位記伝達式の式辞で当時の東京大学教養学部長の石井洋二郎が引用した。余談です。すみません。

超人は創造者だ。超人は、自分自身を超えて創造しようとし、そのために破滅する。だから超人は没落せざるをえない。超人は、没落することなど恐れない。超人であろうとすること、そう意志して生きることそのものが、動物ではない人間である。常に古い自分、矮小な自分、安逸に自足する自分を超えようと志向しなければならない。だから、人間は、橋だし、一本のロープなのだ。

しかし、ほとんどの人間は、「末人」であることに自足する。「末人」は、自分を軽蔑することができない。超人であろうと自分を否定し、没落しない。失敗を恐れ小賢しく自足する。自分の中に混沌をかかえこむことができない。簡単に白黒つける。

末人は、小さな喜びに満足し、健康を尊重し、無駄に長生きし、それが幸福だと思う。「末人」たちは家畜の群れに似ている。「畜群《ちくぐん》」である。

ツァラトゥストラによると、こんな「末人」だが、彼らには人類の未来をおびやかす最大の危険がひそんでいる。悪人がいくら害悪を及ぼすからといっても、善人ほどではないのだ。「末人」は、小さな幸福のために、どんな高貴なものでも偉大なものでも犠牲にするから。

しかし、小さな幸福のどこがいけないのかと、弱い者が求めるささやかな幸福のどこがいけないのかと、末人たちは抗議するだろう。

「末人」の中には、非常にエネルギッシュな人々もいる。常に忙しく活動する人々だ。

激務や、スピードや、新奇なものや、異常なものを好む人々だ。忙しく流行を追い、スマホのスケジュールアプリにいっぱい会食の予定などを入力《にゅうりょく》する人々だ。まるで、彼らや彼女たちは、時間を埋める競争をしているようだ。それはなぜか。彼らや彼女たちは、正気になりたくないからだ。自分の人生を直視するのが嫌だからだ、自分の心をのぞき込むのさえ嫌だからだ。自分自身を忘れたいからだ。つまり現実から逃げたいからだ。

彼らや彼女たちが自分の人生を信じ、自分の人生を肯定し、より創造的に生きようと超人であろうとしているのならば、これほど刹那《せつな》的な快楽や目先の好奇心に身を任せない。

ツァラトゥストラが、いくら自分の知恵や認識を伝えようとしても、生を否定して、小さな幸福や悦楽や社交にエネルギーを注ぐ「末人」には伝わらない。人間は、かなり偉大な人間でも小さい。まだまだ小さい。

「末人」より厄介なのが、「死の説教者」（広い意味での僧侶たち。僧侶的人々、たとえば大学教授とか）だ。彼らは、彼岸だの天国だの神の国だのを設定して、この地上のあらゆることを否定し、人生から離れようとしている。生き続けるのは愚かなことだと思っている。なのに、サッサと死ぬわけでもない。「永遠の命」を人々に説きつつ、この世に執着し、そのくせ、この世で生きることを軽蔑する。人々をしてこの世に生きることを憎ませることによって、この世を腐敗させる。この世界は、「末人」たちや「死の説教者」たちが永遠に繰り返しやって来る場だ。

ツァラトゥストラは問う。もし、私たちがこれまで生きてきたこの人生をもう一度、無限に繰り返し生きねばならないとしたら、どうか？ そこには何一つ新しいものは無い。あらゆる苦痛や快楽や思念や溜息など、人生で経験したことのありとあらゆるものがそのままの順序で戻ってくるとしたら、どうか？ それでも、そのような生を愛し、肯定し、永遠に繰り返すことができるか？

あらゆることが無限回にわたって繰り返されるとすれば、私たちがこれから試みるすべてのことの結果があらかじめ決定されていることになる。努力や希望や責任はすべて無駄になる。それでは生存が無意味で苦痛に満ちる。同じことの永遠の繰り返し。それでも、生きることを肯定できるか？

ツァラトゥストラは「永遠回帰の教師」にならねばならないと自分に誓う。永遠にやって来る「末人」たちや「死の説教者」たちに、自分の知恵を繰り返し繰り返し伝えようと永遠に苦悩する教師になろうと思う。

超人であろうとするならば、永遠回帰に挑み続ける強さを保持し、自己の運命を肯定し愛さねばならないと思う。

私は、馬鹿でブスで貧乏でも「末人」や「死の説教者」でいたくはない。「超人」であろうとして一本の綱を渡りたい。来たるべきホワイトな超偽善社会を生き抜くためにも退屈な末人の人生は送りたくない。

3・10 ニーチェの独《ひと》り言

（第3章のまとめのつもりで、このセクションでは、ニーチェ思想の私なりの要約を、ニーチェ自身が語っているように書く。それが女言葉になっていることに他意はない。なんとなく、ニーチェは女言葉で語るのが似合っているように、私には思えただけだ）

そもそも人間って、どうしようもない存在なのね。人間には、アポロ的な論理的整理整頓理知へ向かう面もあれば、ディオニュソス的に無茶苦茶なカオスに向かう面もあるのね。人間って、これらふたつの方向に引き裂かれている生き物なのね。引き裂かれているけれども、ディオニュソス的なるものからアポロ的なるものは生まれるし、アポロ的なるものはディオニュソス的なるものの噴出を止めることはできないのね。

ものすっごく合理的に賢い女性が、アイドルの追っかけやって「推し」のためにおカネ浪費するじゃないの。つまんないダメンズを食わせてるしっかり者の貯金好きな女性ってのもいるでしょ。で貯金が全部消えるのよね。

真面目に見えるサラリーマンが痴漢の常習犯ってこともある。でも痴漢しないと、そのサラリーマンは労働に耐えることができないかもしれない。病んだ人々に尽くそうと看護師になった献身的で心優しい人が、支配欲が強くて、自分の言うことに従わない患者に冷たいってこともあるでしょ。人間って、ほんとにどうしようもないことは、Yahoo! ニュース見てればわかるじゃないの。

でね、生来、体力や知能に恵まれている人は、アポロ的に合理的に動いているようで自分の中のディオニュソスに突き動かされているからこそ、活力が出るのね。好き勝手に動いちゃうのね。ついつい自分の欲望の充足を求めるのね。

実際、この世界って、そういう元気のいい利己的な強者によって動かされてきたのね。弱者は自分ひとりの身でさえ面倒見れないし、弱者がどれだけ集まってもいい知恵も浮かばなくて強者に勝てないのね。だから、強者に従属するしかないのね。

でも、そうすると弱い人々は恨みの気持ちをもつわけよ。弱くたって、自我もあるしプライドもあるし。だから、フランス語のルサンチマン（ressentiment）を持つの。哲学者の永井均《ながいひとし》の言葉を借りると、ルサンチマンというのはね、「現実の行為によって反撃することが不可能なとき、想像上の復讐によってその埋め合わせをしようとするものが心に抱き続ける反復感情のこと」（『道徳は復讐である　ニーチェのルサンチマンの哲学』河出文庫、２００９、15頁）なの。

ほら、運動神経が鈍くて同級生にいじめられるだけの中学生が、異世界に転生したらすごい勇者になっていて悪を滅ぼすというストーリーの漫画を何回も読むことで、強くなった自分を空想して自分を慰めるようなもんよ。ああいう漫画こそ、ルサンチマン・

ファンタジーね。

でね、キリスト教組織って、そういう弱者のためにできたの。ほら、新約聖書のヨハネ黙示録《もくしろく》ってあるじゃない。あんまり悪が栄えて、強者が弱者を残酷に扱うから、いつか神の怒りによる災いがいくつも起きて、神と悪魔の最終戦争（ハルマゲドン）が起きるって。で、やっと悪魔が消えたら、平和と正義と繁栄の千年王国が実現するって預言。あれこそ、ルサンチマンの産物ね。なんか、21世紀でも、旧約聖書を本気で信じて、この世のユートピアを実現させるためには悪魔との最終戦争が起きなければならないから、大戦争を起こそうと思っているキリスト教徒がいるみたいよね。怖いわよねえええ〜〜アホよね。

あ、ここで言うキリスト教って、イエス・キリストって人とは関係ないのね。キリスト教組織とイエス・キリストは別なの。イエス・キリストは何も書き残さなかったので、彼の思想がキリスト教であるとは厳密には言えないの。伝えられるところの彼の伝記も事実であったかどうかわからないわ。さらに言えば、そういう人物が存在したかどうかでさえ、ほんとうはわからないのよ。聖徳太子だって架空《かくう》の人物だそうじゃないの。

それはさておき、キリスト教はね、強者へのルサンチマンから、それまでの価値観をひっくり返したの。だって、いつもいつも好き勝手にされて我慢してるだけじゃ気が済まないじゃないの。強い者は正しくない間違っている、弱い者こそ正しいという道徳を作ったの。つまり、弱い者たちは道徳上の奴隷一揆《どれいいっき》を起こしたの。

それから、弱者を迫害する強者は天国に行けないと決めたの。その魂は地獄で永久凍結されるのよ。弱い者を惨めな状態に置くこの世界はダメな世界で、ほんとうの世界は、今ここにはなくて彼岸《ひがん》にあるとか天国にあるとか神の国にあるとか言い出したの。

でもね。こういう気持ちはわかるけれどもさ、こういう発想はダメよね。これって生きることを否定するでしょ。生きてる人間にとっては、存在するかどうかわからない彼岸とか天国とか涅槃《ねはん》について教えられてもしかたないでしょ。今ここで生きて行くことこそ、生きている人間にとって必要だし、それしかないのに。

この意味で、弱者への同情から生まれ、ルサンチマンから生まれたキリスト教は、死の宗教になっちゃった。そんなもん、しかたないでしょう。私たちは生きているんだからさあ、死の宗教なんか無用なのよ。

だけど、世の中には弱い人間の方が多いからさ、弱い者こそ天国に行けるというキリスト教のルサンチマン・ファンタジーの魅力に勝てないのね。だからキリスト教は中東を超えて全ヨーロッパに伝わり、ルネサンスの大航海時代を迎えてアジアやアフリカや南北アメリカにも伝わったの。

今や、キリスト教のルサンチマン・ファンタジーは、グローバルな思想となり、弱者救済と、この世界にユートピアを構築することが、大義となったの。

問題はさ、それでいいのかってことよ。生きる戦いから逃げて、存在するかどうかわからないユートピアを夢見るような精神でいいのかってことよ。生を否定して死を夢見るような精神でいいのかってことよ。

それから、弱者救済とユートピア構築だけが大義である世界って、どうよ。要するに、楽に生きればいいってことでしょ？　物質生活の向上をすべての人が享受《きょうじゅ》する世界がユートピアなんでしょ？　それ以上の理想も大義もないんでしょう？　生きることの目標がそれだけなんでしょ？　なにそれ？　テンション上がらないわ〜〜バッカみたい。そんなのが人間の生ならば、私は人間に生まれないほうが良かったわよ。

そもそも人間観がおかしいのよ。物質生活が向上しても、人間存在は満たされることないわよ。人間存在ってのは、前に私が言ったように、アポロ的なるものとディオニュソス的なるものの相克葛藤《そうこくかっとう》の中で生きてる。自分の中のアポロ的なるものが勝てば世俗的には成功したと言えるだろうけれども心は生きている気がしていない。常に充たされない欠如《けつじょ》がある。かといって、自分の中のディオニュソス的なるものに自分を委《ゆだ》ねたら、人間は自分が発する熱によって破滅するの。そういう意味で、人間の生は悲劇なの。負け戦なの。勝者はいないの。

人間の面白さってのはね、それを重々承知しながら生きることに挑み続けることにあるの。いわば、人間ってのはね、一本のロープよ。『カイジ』とか『イカゲーム』にロープを渡る死のゲームがあるじゃないの。あれって、すっごく私っぽいわ。ニーチェ的よ。動物と超人とのあいだに掛け渡された――深淵の上に掛かる、一本のロープ。

超人ってスーパーマンの意味じゃないわ。楽に生きるために生きる存在ではなく、価値観の乱立の中で価値が消えてしまった世界の中で、自分が生きることに自分なりの意味を自分で探し求めることをし続ける人間のことよ。

いわば、超人って高貴な野蛮人よ。弱者救済とこの世のユートピア構築っていう物質的に豊かさを皆に保障します的世界に、「そんなもん、なんぼのもんじゃ」って、軽蔑《けいべつ》の目を向ける嫌な奴よね。身の程知らずの中二病よね。

超人なんか目指したくない？　そうよね、物見遊山《ものみゆさん》して消費してれば心底面白くて楽しいと思えるあなたは、そうでしょうね。あなたは「末人《まつじん》」だからね。「最後の人」とも言うわね。「おしまいの人」って訳す人もいるわね。そういう人はいいのよ。まあ、「末人」さんは、こんな本を読まないけどね。

私はねえ、世間的に見たら、あまり成功した人生は送ってこなかった。病弱だったしさ、せっかく24歳で名門大学の教授として採用されたのに、好きに思うことを書いて発表したので、学会で成功したわけじゃない。

好きだったルー・ザロメは他の男に取られちゃった。死んでからも不幸だったわよ。妹に遺稿を書き直されちゃってさ、ナチスの思想的背景みたいに言われちゃってさ。死因はほんとうははっきりしてないのに、梅毒で死んだってことになっちゃってさ。性病で脳がいかれて死んだなんて、カッコ悪いじゃないの。

ほんと「ヘタレ」の人生だったわ。でもね、もう一度、この人生を繰り返すかと問われれば、同じ人生を繰り返すわ。一刻一刻を真剣に生きるわ。そう、人生に意味はないかもしれないけれどもね。

キリスト教が言ってるみたいに、生きることがどんなに苦しくても、それは神の国に行くための試練だと思えれば耐えることができるかもしれない。どんなに迫害を受けても、迫害者には正義の鉄槌《てっつい》が下り、自分は天国に行けると思えれば、いいよね。でも、そんなことは起きないのかもしれない。

それでもね、私は今ここに生きている自分の生を肯定するの。未来永劫《えいごう》、同じ人生を与えられても、何度でも同じ人生を生きるの。生きるって、大変だけど、究極は悲劇で負け戦だけど、やっぱりすごいことじゃないの？　まあ、よく説明できないんだけどさ、この気持ち。

生きるって、よくわからないことばかりよね。私自身は、そういう生に挑み続けることに人間の偉大さがあるって思ってんのね。末人に安住できず、超人に至りたいけれども、至れず、右往左往し続けるような人生だけれどね。

結語——来るべき超偽善社会の欺瞞と抑圧に汚染されないために

岡田斗司夫が予測した来るべきホワイト社会は、近代まではヨーロッパ世界に、近代以後は全世界に広がった道徳的目標「弱者救済」と、政治的目標「弱者も生きて行けるユートピア構築」を、ほんとうに実現させるべく人々が動く社会だ。

なんとなれば、史上初めてと言っていいほど、社会的不公正を憎み、正義を愛する、繊細で優しい善意の良い人々の数が増えるからだ。環境問題や人権問題にも意識的で、持続可能な世界の構築に協力する人々が増えるからだ。それは、今までの歴史の成果であり、メディアや教育機関がそのように教えてきたことの成果だ。

しかし、そのようなホワイト社会は、差別的言語や弱者や環境に優しくない言動を激しく非難して魔女狩りする社会でもある。ポリコレ・ヒステリーのネット炎上とか、キャンセルカルチャーとか、鵜《う》の目鷹《たか》の目のポリコレ／ＳＤＧｓ／ＥＳＧ警察の告発が息苦しい社会を作る。

そのような正しいが息苦しい社会に反発し、攻撃的行動を採る人々も出るので、ホワイト派と反ホワイト派の対立で社会は不穏となる。また攻撃的行動は選ばずに、ホワイト派に静かに離反し、意見を同じくする仲間を秘密裏《ひみつり》に形成する人々も増えて、実質的に社会は分断される。

人間の心の闇を許さないホワイトな人々は、差別的言語改良運動や差別的言動監視告発ぐらいで社会の差別構造が消えると思っているぐらいに非現実的である。その非現実性は、現実的に解決すべき問題の解決が遅れる社会を形成し、社会を停滞させるかもしれない。

ホワイトな人々は、ホワイトであることこそが最高の価値として考え、人間の多様性や複雑性を受容できない。彼らや彼女たちの価値観は固定化される。そういう人々は価値観だけではなく美意識の幅も狭くなる。だから、自分や他人に求める容姿も類型的になりやすく、外見至上主義に陥りやすい。

その外見至上主義に適応し容姿の美しさを獲得保持する努力に疲れた人々は、フルフエイスのＡＩマスクを装着して、自分の外観を直接に他人に見せないようにするばかりでなく、自分の身体性からの逃避を始める。

ホワイトな人々は、善意だからこそ物事を疑わず、世の中には私利私欲のために巧みに他人の善意を利用することができる人間もいるということがわからないほどに、人間理解が薄っぺらいので、広義の意味での各種詐欺のカモになりやすい。

その「各種詐欺」の中には、国連のＳＤＧｓや世界経済フォーラムのグレート・リセットの一環であるＥＳＧや脱炭素（カーボンニュートラル）社会の構築などが入っているとまでは私は言わない。

私は、生物学者の池田清彦の『環境問題の嘘　令和版』（ＭｄＮ新書、２０２０）や、キャノングローバル戦略研究所主幹の『「脱炭素」は嘘だらけ』（産経新聞出版、２０２１）も読んでみた。スティーブン・Ｅ・クーニンの『気候変動の真実　科学は何を語り、何を語っていないか？』（三木俊哉訳、杉山大志解説、日経ＢＰ、２０２２）も読んでみた。国連や世界経済フォーラムが進行させている持続可能な世界を形成するための環境浄化や温暖化対策などは必要ないと主張している著書は結構出版されている。

また０《ゼロ》章で言及した岩田温と東京大学公共政策大学院特任教授の有馬純の対談集『エ

コファシズム　脱炭素・脱原発・再エネ推進という病』（育鵬社、２０２２）において、岩田は明言している。「エコファシスト」の本性は西瓜《すいか》だと。表面的には緑だが、中身は共産主義の赤だと。私自身は、共産主義とまでは断言できないが、全体主義であることは確実だと思う。

しかし、理系学問の素養がない私には、グレート・リセット派が正しいのか、反環境問題派が正しいかわからない。データそのものが捏造《ねつぞう》である可能性もあるので、データを示されても信じることができない。

つまり、あなたたちを待つ近未来は、ホワイトではあるが、やっぱり問題や危険がやっぱり多い社会だ。そのホワイトさは、真っ白というよりは、漂白されて、ついでに香料入り柔軟剤も入っているような不自然な白さだ。

おそらく、そのようなホワイト社会は、あなたにとっては不快なものだろう。胡散臭いものかもしれない。見え透いた偽善が横行しているが、それが偽善だと口に出すのは危険な社会だ。ホワイト全体主義かもね。白い地獄かもね。そのあなたの思いに共感してくれる人は、まず見つからないかもしれない。

人間存在はどうしようもないものであり、人間は「怖いモノ」であり、ほんとうにホワイトな社会の実現など人間性に反するとか、ホワイトな人々の心のなかには、彼らや彼女たちが意識していないルサンチマンがあるなどと、あなたが言ったら、あなたは「永遠の時代遅れ」であり「人類の進歩を信じない原始人」だと評価されかねない。

また、弱者救済やユートピアの構築など、キリスト教や、それに類するスピリチュアルな言説のほとんどは、ルサンチマンの産物であり、今ここにないものを幻視させることによって、生きることを否定しているのだと言ったら、あなたは、虐げられている人々に対する理解と愛念《あいねん》のない非道《ひどう》な人だと思われる。

だから、あなたは黙ってホワイト革命後の超偽善社会を孤独に生きるしかない。でも、あなたと同じような思いをしながら生きた人々は、いっぱいいたのです。ニーチェがそうだったし、ニーチェの理解者はそうだった。

「末人」でいることに充足できる資質がないのならば、あなたは動物と超人のあいだにかけ渡された一本の綱を渡って行くしかない。そのような生は楽ではない。しかし、そのような生は退廃と虚無と退屈さと自己欺瞞と嫉妬からは解放されている。

私は、年齢的に「ホワイト革命」を経験できないかもしれないけれど、もし生きて「ホワイト革命」という超偽善社会を見ることができるのならば、近代の成れの果ての世界をしっかり見届けるつもりだ。ニーチェの言うルサンチマンが産んだ畜群たち、末人たちの生態を見物するつもりだ。

ひょっとしたら、「ホワイト革命」の超偽善性が、ほんとうに善に至る可能性もある。清浄な精神で「超人」をめざす人々によって人類社会が満たされる可能性もないわけじゃない。持っていても維持費はかからないのだから、希望はいつも持っていよう。

あとがき

ニーチェに関することは書いてみたいと身の程知らずにも思いつつ、哲学科を出たわけでもない私がニーチェに関する書籍を出すことは無理だなあと思っていました。一時期はアメリカ文学の研究者でしたので、アメリカの作家に関連した論文でニーチェに言及したことはあったのですが。

ところが、２０２１年3月に秀和システムの編集者の小笠原豊樹さんから一冊書いてみないかという嬉しいお申し出をいただきました。２０２２年に再度お話をいただきました。それならばと、そのお申し出に厚かましく乗っからせていただくことにしました。

この機会を逃すと、私のような人間がニーチェについて書いて本を出版するなどということは不可能だと思いました。また、今この時に書かないで、いつ書くのかとも思いました。ちょうど、その頃は、本書に書いた岡田斗司夫さんがオンラインセミナーで発表なさった「ホワイト革命」論について、「これはニーチェ的には嫌な展開になるかもしれないなあ」と思っていた時でしたから。

小笠原さんには、ニーチェについて書く機会を提供していただき感謝いたします。今どきの、この書籍の売れない時代に、ニーチェについて書かせてくださるなんて、この方は相当に「一本の綱」の上を歩いておられる方だと思いました。

いろいろいろいろお世話をおかけいたしました。ありがとうございました。

本書の表紙デザインについて、アイン・ランドの小説やエッセイ集の拙訳や、私が編著者を務めた文学関係の論文集や、単著4冊の装幀で、2004年以来お世話になっている大谷昌稔《おおたにまさとし》さんに、またお願いいたしました。ありがとうございました。

表紙のイラストは、私の「馬鹿ブス貧乏本」シリーズの表紙イラストを担当してくださった伊藤ハムスターさんにお願いいたしました。またもチャーミングなイラストをありがとうございました。

同時に、今まで出版された拙著に関して率直なご感想を下さった読者の方々にお礼を申し上げます。その方々は、「フジモリさんがご自分のブログに書くよう書いてください。

いっぱいの文献を紹介してくださるのは勉強になりますが、私が読みたいのはフジモリさんの言葉ですから」と、それぞれにおっしゃるのです。

中には、「本を読むことしかしていない人間の書いたもので、読むところがない」と匿名でSNSに書いていた読者もいました。この読者は拙著3冊を図書館で借りて読んだそうで、「読むところないなら3冊も読むな、批判するなら自腹で購入するぐらいはしろよ」と私は思いました。しかし、ニーチェもツァラトゥストラに**「わたしは読んでばかりいる怠惰な者を憎む」**（佐々木訳、64頁）と語らせています。だから少しは私も反省しました。

というわけで、本書では、なるたけ自由に書いてみました。私は、長年、職業柄、自分以外は誰も読まない類の大学の紀要《きよう》（大学に所属している教員の論文集）に載せる論文を書いてきました。論文というのは先行研究をちゃんと読んでいるかを示すことが要請されるので、ついつい資料を漁る癖が抜けず、かつその文献に言及するのが習慣となっていました。ですから、商業出版物に要求される読みやすさについて工夫《くふう》が足りなかったようです。そのことを読者の方々に指摘されて、あらためて気がつきました。

ここでその読者の方々のお名前を挙げることはいたしませんが、みなさん、貴重なご意見をありがとうございました。

ああ、それにしても本当は、本書のタイトルは「ニーチェの褌」にしたかったです。褌だと、漢字だと、しっかり締められている感じがしますが、ひらがなだと、ゆるい感じです。すぐに、ほどけそうです。

2023年2月

藤森かよこ

紹介文献、引用文献リスト（本文で言及順）

第0章、あるいは「まえがき」

松駒原作&作画ハシモト『ニーチェ先生　さとり世代の新人が舞い降りた』KADOKAWA、2014

橘玲『バカと無知　人間、この不都合な生きもの』新潮新書、2022

フリードリヒ・ヴィルヘルム・ニーチェ『アンチクリスト』西尾幹二訳、『偶像の黄昏　アンチクリスト』白水社、1991

副島隆彦『隠された歴史　そもそも仏教とは何ものか？』PHP研究所、2012

岩田温『リベラルという病　奇怪すぎる日本型反知性主義』彩図社、2018

フリードリヒ・ヴィルヘルム・ニーチェ『ツァラトゥストラかく語りき』佐々木中訳、河出文庫、2015

フリードリヒ・ヴィルヘルム・ニーチェ『悲劇の誕生』秋山英夫訳、岩波文庫、1966初版／2022

フリードリヒ・ヴィルヘルム・ニーチェ『ツァラトゥストラはこう言った』上下巻、氷上英廣訳、岩

波文庫、1967初版／2022
フリードリヒ・ヴィルヘルム・ニーチェ『善悪の彼岸』木場深定訳、岩波文庫、1970初版／2006
フリードリヒ・ヴィルヘルム・ニーチェ『道徳の系譜』木場深定訳、岩波文庫、1940初版／2006

第1章　ニーチェの思想をあなたが必要になる契機は「ホワイト革命」

岡田斗司夫『ぼくたちの洗脳社会』朝日新聞社、1995／朝日文庫、1998
岡田斗司夫『評価経済社会　ぼくらは世界の変わり目に立ち会っている』ダイヤモンド社、2011
橘玲『言ってはいけない　残酷過ぎる真実』新潮新書、2016
橘玲『もっと言ってはいけない』新潮新書、2019
グレッグ・ルキアノフ&ジョナサン・ハイト『傷つきやすいアメリカの大学生たち　大学と若者をダメにする「善意」と「誤った信念」の正体』西川由紀子訳、草思社、2023
清水晶子&ハン・トンヒョン&飯野由里子『ポリティカル・コレクトネスからどこへ』有斐閣、2022

小室直樹『ソビエト帝国の崩壊　瀕死のクマが世界であがく』カッパ・ビジネス、1980
アルヴィン・トフラー『第三の波』徳山二郎監修、鈴木健次&桜井元雄訳、日本放送出版協会、1980／徳岡孝夫監訳、中公文庫、1982
藤森かよこ『馬鹿ブス貧乏な私たちを待つろくでもない近未来を迎え撃つために書いたので読んでください。』KKベストセラーズ、2020
藤森かよこ『馬鹿ブス貧乏な私たちが生きる新世界無秩序の愛と性』KKベストセラーズ、2022
丸谷元人「世界の裏を読むインテリジェンス養成講座「秘密戦争」編」ダイレクト出版　セミナー動画配信サービス、2019
フランソワ＝グザヴィエ・ヴェルシャヴ『アフリカを食いものにするフランス』大野英士&高橋武智訳、緑風出版、2003
ニコラス・シュワヴ&ティエリ・マルレ『グレート・リセット　ダボス会議で語られるアフターコロナの世界』藤田正美&チャールズ清水&安納令奈訳、日経ナショナル・ジオグラフィック社、2020
夫馬賢治『ESG思考　激変資本主義1990-2020、経営者も投資家もここまで変わった』講談社+α新書、2020
夫馬賢治『データでわかる2030年地球のすがた』日経BP日本経済新聞出版本部、2020
夫馬賢治『超入門カーボンニュートラル』講談社+α新書、2021

副島隆彦&ベンジャミン・フルフォード『世界人類を支配する悪魔の正体』秀和システム、2023

第2章　ホワイト革命がもたらす7つの様相

岡田斗司夫&内田樹『評価と贈与の経済学』徳間書店、2012
岡田斗司夫『僕たちは就職しなくてもいいのかもしれない』PHP新書、2014
岡田斗司夫『超情報化社会におけるサバイバル術「いいひと」戦略』マガジンハウス、2012
pha『持たない幸福論　働きたくない、家族を作らない、お金に縛られない』幻冬舎文庫、2017
坂口恭平『お金の学校』晶文社、2021

第3章　ニーチェかく語りき

ソポクレス『オイディプス王』藤沢令夫訳、岩波文庫、1967初版/1999
アイスキュロス『縛られたプロメーテウス』呉茂一訳、岩波文庫、1974初版/2020
副島隆彦『ニーチェに学ぶ「奴隷をやめて反逆せよ」　まず知識・思想から』成甲書房、2017
ロバート・ベクトルド・ヘイルマン『悲劇とメロドラマ』(*Tragedy and Melodorama*, 1968　未邦訳)
ダグラス・マレー『西洋の自死　移民・アイデンティティ・イスラム』中野剛志解説、町田敦夫訳、東洋経済新報社、2018

ミシェル・ウエルベック『服従』大塚桃訳、河出文庫、2017
永井均『道徳は復讐である　ニーチェのルサンチマンの哲学』河出文庫、2009
フリードリヒ・ヴィルヘルム・ニーチェ『キリスト教は邪教です！　現代語訳『アンチクリスト』』適菜収訳、講談社＋α新書、2005

結語　来るべき超偽善的社会の欺瞞と抑圧に汚染されないために

池田清彦『環境問題の嘘　令和版』MdN新書、2020
キヤノングローバル戦略研究所主幹『「脱炭素」は嘘だらけ』産経新聞出版、2021
スティーブン・E・クーニン『気候変動の真実　科学は何を語り、何を語っていないか？』三木俊哉訳、杉山大志解説、日経BP、2022
有馬純&岩田温『エコファシズム　脱炭素・脱原発・再エネ推進という病』育鵬社、2022

私が読んだ範囲で面白いと思ったニーチェ入門書リスト（出版年順）

フリードリヒ・ヴィルヘルム・ニーチェ『若き人々への言葉』原田義人訳、角川文庫、1954初版／2020

ルー・ザロメ『ルー・ザロメ著作集3　ニーチェ　人と作品』原佑訳、以文社、1974

西尾幹二『ニーチェとの対話　ツァラトゥストラ私評』講談社現代新書、1978

ベン・マッキンタイアー『エリザベート・ニーチェ　ニーチェをナチに売り渡した女』藤川芳朗訳、白水社、1994／復刻版2011

竹田青嗣『ニーチェ入門』ちくま新書、1994

永井均『これがニーチェだ』講談社現代新書、1998

清水真木『岐路に立つニーチェ　二つのペシミズムの間で』法政大学出版局、1999

清水真木『知の教科書ニーチェ』講談社選書メチエ、2003

ジル・ドゥルーズ『ニーチェと哲学』江川隆男訳、河出文庫、2008

中島義道『善人ほど悪い奴はいない　ニーチェの人間学』角川選書、2010

石川輝吉『ニーチェはこう考えた』ちくまプリマー新書、2010

適菜収『新編はじめてのニーチェ』講談社＋α新書、2012
適菜収『ニーチェの警鐘　日本を蝕む「B層」の害毒』講談社＋α新書、2012
原田まりる『ニーチェが京都にやってきて17歳の私に哲学のこと教えてくれた。』ダイヤモンド社、2016
宮崎正弘『青空の下で読むニーチェ』勉誠出版、2018
Drオグリ『愛と妄想のニーチェ　自分主義の社会学』スラヴァ書房、2018
飲茶『「最強！」のニーチェ入門　幸福になる哲学』河出文庫、2020
モーリス・メルロ＝ポンティ「ニーチェ、フリードリヒ・ヴィルヘルム」訳・解説 増田康彦『メルロ＝ポンティ哲学者事典　三』監訳 加賀野井秀一＆伊藤泰雄＆本郷均＆加國尚志、白水社、2022、139‐147頁

装丁・大谷昌稔
画・伊藤ハムスター

■著者プロフィール

藤森かよこ（ふじもり かよこ）

大学教員を経て著述業にいたる。1953年愛知県名古屋市生まれ。南山大学大学院文学研究科英米文学専攻博士課程満期退学。元祖リバータリアン（超個人主義的自由主義者）である、アメリカの国民的作家であり思想家のアイン・ランド研究の第一人者。アイン・ランドの大ベストセラー『水源』『利己主義という気概』（いずれもビジネス社）を翻訳刊行した。著書に『馬鹿ブス貧乏で生きるしかないあなたに愛をこめて書いたので読んでください。』『馬鹿ブス貧乏な私たちを待つろくでもない近未来を迎え撃つために書いたので読んでください。』『馬鹿ブス貧乏な私たちが生きる新世界無秩序の愛と性』（以上、KKベストセラーズ）や『優しいあなたが不幸になりやすいのは世界が悪いのではなく自業自得なのだよ』（大和出版）がある。

ニーチェのふんどし
いい子《こ》ぶりっ子《こ》の超《ちょう》偽《ぎ》善社会《ぜんしゃかい》に備《そな》える

発行日　2023年　3月15日　第1版第1刷

著　者　藤森《ふじもり》　かよこ

発行者　斉藤　和邦
発行所　株式会社　秀和システム
〒135-0016
東京都江東区東陽2-4-2　新宮ビル2F
Tel 03-6264-3105（販売）Fax 03-6264-3094
印刷所　日経印刷株式会社　Printed in Japan

ISBN978-4-7980-6861-9 C0095